suncolor

suncolor

女兒啊，從一開始妳就是妳，
不是別人的女兒、妻子、媳婦或媽媽，
就用妳的名字過日子！

我希望我女兒活得自私

寫給活在耀眼世界的所有女兒們，
來自母親滿滿心意的溫暖情話

鄭蓮喜——著

suncolor
三采文化

序言

前年夏天，時年二十四歲的女兒牽著男朋友的手來到家裡，說有話要告訴我們，「如果你們同意，我們想在明年春天結婚。」

準女婿用顫抖的聲音說話時，女兒臉上洋溢著無比幸福的微笑。我老公雖帶著笑臉，嘴唇卻在「結婚」兩個字出現的短暫瞬間，微微發顫。那一刻我心裡想，「沒有付出代價，是無法爭取到幸福的。」既然兩人因為相愛而想要結婚，那還需要多說什麼？

女兒開始籌備婚事後，我常在和她進行瑣碎的討論時，把話吞進肚裡，那些想對女兒說的話，像是被困在網裡掙扎求生的魚，衝撞著我的喉嚨，話語、想法、心思、情緒與我的人生錯綜交織，張牙舞爪著。我怕被說太焦躁、有多餘的擔心、小題大作，可是我無論如何都想把話說出來，於是開始寫作。

我必須讓她知道，生養女兒所感受的幸福，和獨自育兒時的悲傷與困難、到職場工作時會從公婆口中聽到的話，以及婚姻是從未經歷過，卻會將關係中的疑難雜症，像禮包一樣帶到她的世界。為了告訴她，想在自己的人生中擁有一片天，需要什麼樣的決心與行動，這一年多來，我沒有一個星期停歇，堅持寫下文章給我的女兒，給未來會步入婚姻的每一個女兒，和無數生養女兒的母親們。

撰寫女兒成長故事的同時，我也自我反省，「應該要多告訴女兒『我愛她』。」「應該要和她在遊樂場玩久一點。」「應該要更常摸摸她的臉，告訴她，她很美。」「應該要更專心傾聽女兒說話。」「應該要更常溫暖地緊緊擁抱她。」「應該要陪她體驗更多事物。」我想起的都是自己的不足和做錯的小事，不禁覺得所謂的盡全力，著實是一件困難的事。

於是距離女兒結婚剩下三個多月時，我寫下了我的婚姻故事。

在寫文章的過程中，我開始害怕女兒成為像我一樣的媳婦。

身為媳婦的我，老覺得自己像個外人、畏懼怯懦，我用雙手侍奉、款待公婆、盡我的義務，然而我的意見卻猶如在打撞球的三顆星般，總是得借老公的口，才能輾轉傳達。思考其原因，是因為我成長過程中學到的儒教倫理與禮儀，和在學校認識到作為一個實現平等與夢想的人，兩者在我婚姻生活當中不斷衝突對峙。我很害怕，因為養育我的母親、母親的話、母親的行為，一直在我腦海裡對我說話，那乖巧順從的母親總在我內心浮現，要我當一個盡孝的媳婦、沉默的媳婦。

女兒的人生裡，總藏有母親一生的影子，不論喜歡與否，它都會隱藏在某個角落，又悄然現身。我的人生無法避免地，始終有我母親的身影穿梭其中，而我女兒的人生，想必也會無數次遇見我的影子，我認為我至少得闡明那影子的真面目究竟是美麗、抑或是暴力，這是我的責任。

文化無法輕易改變，即便體制產生變化，舊文化失去其地位，也往往需要時間推演，就如同所有死亡皆有它必經的過程、順序和時間。而消滅影子的過程，也有它的程序與規矩，我認為可以從我開始嘗試轉變，於是提起了筆。

有人說，是過去沉默不語的女性開始發聲，才讓社會喧囂了起來。沒有捨己為人的女人、自私的女兒、重視自己人生勝過孩子的妻子、既不傳宗接代也不懂孝道的媳婦，還有數百年來保持無聲的女人，現在總算能表達一些自己的意見了，但他們卻被說自私。如果說，這叫做自私，那我千遍萬遍地期望，希望我們珍貴的女兒們能夠活得自私。我期盼我的愛女、無數的女兒，無論成長背景如何、無論和什麼樣的男人結婚，也不管是誰的女兒、誰的妻子、誰的媳婦，她的核心永遠都是一個愛自己的人、一個驕傲自信的女性。抱著希望我女兒活得自私的心情，我寫下了這篇序。

於秋日將即

鄭蓮喜

目錄

Chapter 2

願媽媽的世界不會成為妳的陰影

Chapter 3

我靠母親的犧牲長大

Chapter 4

希望妳可以過著盡情被愛的耀眼人生

Chapter 1

女兒啊，從一開始妳就是妳

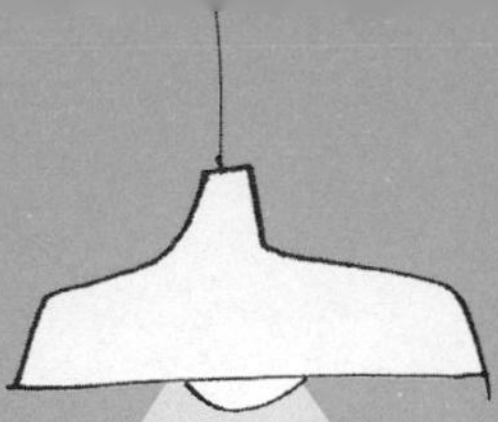

肚子不舒服，是因為捨不得女兒結婚

有哪個父母不寶貝自己的孩子？有哪個父母不疼惜自己的孩子？仔細想想，所有的父母應該都會在子女結婚前，覺得自己的孩子珍貴而感到不捨吧！

相見禮[1]席間，一直帶著燦爛笑容的女兒與我們道別：「路上小心，我再打給你們。」女兒的開朗笑臉和準女婿恭敬問候的模樣，一路跟著我們上了高速公路。相見禮進行了兩個小時，兩家父母談到孩子們的成長故事時，像韓食套餐般一一展開，如女兒在牆上畫滿圖畫、準女婿多麼聰明伶俐等等，但對婚事卻幾乎隻字未提，兩家父母都清楚，在大人的世界裡，說錯一句話會引起多大的誤會和不睦，於是四個人就只是用孩子們的成長故事填滿了飯局，互相分享著毫無資訊的話，勸對方多吃一點。

這期間我一直難以下箸，除了沒有特別想吃的東西之外，也因為準親家母的一句話：「哎呀，我會當作是多了一個女兒。」讓我如鯁在喉。

其實這是在電視連續劇或日常中都時常能聽到的話，所以也許有人會覺

1 即將結婚的新人在經過雙方家長同意後，雙方長輩進行初次見面的場合。

得這沒什麼問題，但它卻卡在我的喉間。我當然知道這句話蘊含了一些心意，包含要我們不用擔心，她會像自己女兒一樣照顧她、教她，以及會和這漂亮媳婦好好相處，但是那句話就是梗在了我的喉嚨裡。

在回程車上，我問老公：「你會把女婿當作兒子嗎？」

老公用力抓著方向盤，用帶著疲倦的聲音回答：「兒子是兒子，女婿是女婿！女婿怎麼可能變兒子。」

「就是說啊！我也不覺得我會把女婿當作兒子，為什麼大部分的公公婆婆，全都說會把媳婦當作自己的女兒？是因為知道自己做不到嗎？」

老公凝視著高速公路一會兒後開口：「怎麼可能靠一句話，就把別人的孩子變成自己的孩子！連個過程也沒有，就算有過程，也不可能超越血緣關係，不可能贏得過。」

我附和：「對吧？因為血緣關係難以逾越，所以在儒家文化裡，才會企圖用制度抹滅女性的自我認同，讓女人遷出戶口，說是嫁出去的外人，避免女人出入娘家，藉此抹去女人的立身之地，讓她們像是沒有湯料的鯷魚清湯滲進男人家裡。」

我憤慨地說著，老公盯著前方開車，說了一句：「現在都已經沒有冠夫姓了，還說什麼嫁出去的外人，過年過節的時候婆家、娘家也都有去拜訪啊！那都是以前的事了。」

「是嗎？通常都是受害者忘不了，加害者一下就忘了。」

老公嘆氣似地接著說：「彼此互相尊重，好好相處就行了。」

「唉，都不知道剛剛吃了什麼。」

「是啊……」

相見禮後，我肚子不舒服了一個多禮拜，不是拉肚子，而是從胸口到下腹部都悶得慌，吃腸胃藥、老公幫我按摩都不管用。我拿出電熱敷墊圍住肚子一整天，熱敷墊燙人的熱氣，仍無法驅散我肚子裡的寒意。過了一週，約莫是第九天還是第十天的時候，我和女兒傳訊息時提到我肚子不舒服，她問我：

「怎麼了？要快點好起來喔！」接著傳了表情符號，我要她下班後打電話給我，她回：「好！」之後，直到深夜才接到她的電話。

「媽，肚子怎麼樣？有好點了嗎？」

聽到她憂心忡忡的聲音，我回答：「就那樣……。」接著把心裡的話一股腦地說了出來。

「居然有人說要把妳當作自己的女兒！我看我就是太討厭這句話，腸子才會氣到打結！」

「媽，妳在說什麼啊？」女兒無言地笑著說。

「妳想想看，我把一個這麼漂亮、善良、能幹、性情像菩薩的孩子養大，結果沒見幾次面她就說要把妳當自己女兒，讓我突然心有不甘嘛！」

「媽，妳別這樣，人家只是說了長輩們常說的話而已，我就是妳的女兒啊！還會是誰的女兒，真是！」

我嚴肅地說：「不，女兒！我是真的吃醋，這不是見不得別人好，該怎麼說呢，真的就像腹部深處聚積了寒氣一樣不舒服！跟妳聊一聊之後，感覺真的是這個原因沒錯，話說出來後我肚子就舒爽多了。」

「媽，妳也真是的。」

聽見女兒連綿不斷地爽朗笑聲，我心裡才變得舒服，也忍不住為自己不像話的牢騷笑了出來。

「妳要知道，我是真的很在意，因為我太愛妳了。」我對笑到快喘不過去的女兒補充。

「女兒！妳去跟準女婿說清楚，說我因為太愛妳而肚子痛，因為很捨不得妳。」

原本哈哈大笑的女兒，停下笑聲說：「我會這麼跟他說的，真的。妳別再工作了，快去睡覺吧！春節連假的時候我再去看你們。」

和女兒講完電話，肚子的不適似乎漸漸消散，待隔天起床後，已消失得無影無蹤，看來我是真的因為不捨女兒，肚子才會作怪。如今已經是不會說「出嫁」這個詞的時代，女兒也在上班，本就會因為工作的關係而離家生活，我又何必這麼擔心呢？大概是我在下意識中，憶起了過去自己的相見禮，那時婆婆所說的「我會當作多了一個女兒」及我為人媳婦時遭遇的種種經歷，才預先感到恐懼吧！

那天傍晚我和老公喝著茶說：「我好像是因為女兒說要結婚，覺得捨不得，肚子才不舒服。」老公無言地噗哧一笑說：「無聊，有什麼好捨不得的？」便直盯著手機看新聞。

後來晚上上床睡覺時，老公突然說：「是啦！確實有點捨不得。」我撞了一下老公的肋骨說：「你不是說我無聊？怎麼？仔細想想後覺得不捨了？」

在關了燈的房間裡，老公沒有回話，只是呆呆望著天花板搖搖頭，便睡著了。

老公在女兒開始顯現要結婚的細微徵兆時，還有準女婿三年前第一次來問候的那一刻起，心裡就已經做好要送走女兒的準備，去年夏天開始論及結婚一事的時候，他極其認真地對女兒說了一堆：「過得好就行了！」「妳幸福就夠了！」「相愛當然要一起生活。」「真羨慕妳！」等等的好話，然而每當女兒和我講電話，聽她說起對女婿的一丁點不滿時，他都會毫不猶豫地嘟囔著：「我反對這門婚事！」

他也是這樣表達自己的不捨，就像我的肚子不適一樣。

有哪個父母不寶貝自己的孩子？有哪個父母不疼惜自己的孩子？仔細想一想，所有的父母應該都會在子女結婚以前，覺得自己的孩子珍貴而感到不捨吧！

女兒，妳要永遠記得。

我們捨不得妳，永遠都疼惜妳，即使妳過得幸福、妳過得好、妳要我們不要擔心，我們也還是會心疼妳。

這是天下父母心，別忘了妳有一對因為太過愛妳，而感到不捨、不成熟的傻爸媽。

不過有件事妳要銘記在心，妳要知道若是說愛妳的人，不尊重妳的選擇權，那就不是愛妳；妳可以自由選擇的一切，若是被育兒和家庭和睦為由犧牲，或是因為丈夫的工作、被說會視妳如女兒的公婆勸說，而影響了妳的選擇，那都不是愛。

眾多女性之所以每逢過節就消化不良、抑鬱復發，甚至想要離婚，就是因為在最基本的選擇問題上，女性總是沒有優先權。不論是過去、現在還是未來，婚姻問題的核心，一直都是選擇的問題，男人和女人都是被害者，每個人都無法擺脫這扭曲的狀態。

不過，被剝奪一切選擇權的女性們，已經從抹去名字、抹去個性、抹去夢想，為了傳宗接代而將自己投射在子女和丈夫身上的時代，往前邁進到找回自己的名字、找回個性、實現夢想、生育、教養自己的孩子而非男方後代的時代，這是為了重拾存在而產生的紛擾。所謂的女人，就像是鯷魚高湯一樣被熬製使用，甚至失去名字，被冠上「媽媽」這個名稱，變成某種情感依附的對象，而要對抗這一切絕不容易。以男性為中心的韓國社會，無止盡延長著兩性不平等文化霸權的壽命，從這樣的社會進到一個家庭的歷史當中去獨力展現自我，真的相當艱難。所以妳要好好記著，妳想做的事和妳的選擇！

我心疼又不捨的親愛女兒啊！往後的判斷及選擇，都是妳的份內之事了。妳要參與無數女性的吶喊，並化為實際行動，為了妳的女兒，也為了妳的兒子，否則我擔心妳到了我這個年紀，也會因為肚子不適，而寫下這樣的文章。

To my sweetheart

妳要知道，
若是說愛妳的人，
不尊重妳的選擇權，
那就不是愛妳。

妳可以自由選擇的一切，
若是被以育兒和家庭和睦為由犧牲，
或是因為丈夫的工作、
被說會視妳如女兒的公婆勸說，
而影響了妳的選擇，

那都不是愛。

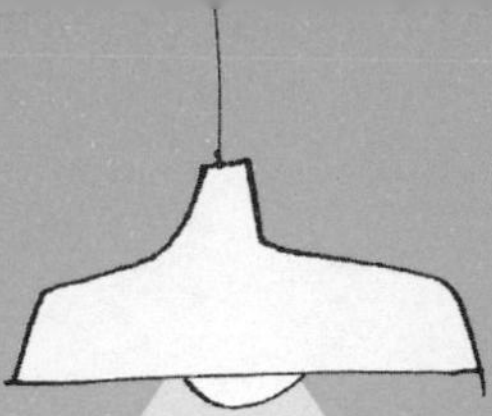

誕生！生命成長的氣味

這世上沒有輕鬆的誕生、也沒有只有痛苦的誕生；沒有比誰珍貴的誕生、也沒有比誰悲傷的誕生；更沒有毫無痛苦只有歡笑的誕生，只有「屬於自己的寶貴誕生」。

雙手特別冰冷的女醫師表示孩子已經夠大，也過預產期了，建議我催生。第二天下午，我便整理了嬰兒衣服和奶瓶住進醫院。待產室裡有五、六名產婦進進出出，包括開始產痛的產婦、慌忙前往分娩室的產婦，及像我一樣打了催生針而陣痛的產婦。我在隔天凌晨注射了催生針，到太陽徐徐西下時，迎來了強烈的生產痛。

說到健康，我一直都對自己很有信心，然而面對生平第一次經歷到的疼痛，我躺也不是、坐也不是、側臥也沒辦法，只能抓著床邊的欄杆忍著陣痛。正當我想著，只要再過幾個小時，這個痛苦也會過去的時候，住院醫師過來說：「寶寶還不想出來呢！真是！」接著刺破羊水，留下一句：「等等他就會出來了。」便逕自離開。

太陽下山後，另一名看似兩個星期沒洗頭、滿臉倦容的住院醫師過來，將我的上腹部輕輕往下推後，歪了歪頭，寶寶還停留在上腹部。幾名住院醫師來回奔波後對我說：「媽媽，妳的羊水已經破了，現在只能動手術了，妳的家屬在哪裡？」我緊抱著肚子回答：「他應該在外面等。」我老公隨即簽了手術同意書，不安地來到我身邊，眼神盡是憂心。

晚間八點左右，剖腹手術開始進行，那時還是會全身麻醉的時期，我挺著大肚子沉睡後醒來，肚皮已經被縫上，只覺得寒意襲來。我腦中閃過老公滿臉憂心的畫面，那時他緊緊握著我的手說：「再睡一下，孩子很健康！」直到後來我才知道，當時我因為子宮收縮不良而大量出血。我在嚴重的疼痛和發熱之下睡睡醒醒，就這樣過了兩天後，老公說：「女兒在嬰兒室，很健康！醒來後我們去看她。」

三十歲生下的女兒，和我一起拿到了碩士學位。我和肚子裡的女兒一起準備實驗，我們挑選受試者進行實驗，做問卷編碼和SAS[2]統計，並整理數據寫論文、發表論文，到最後論文通過。女兒曾和我一起在擺設實驗室資料的標記時觸電，受到驚嚇的她也只是蜷縮成一團，表達自己的驚嚇與難受。我從早到晚工作，一天也不停歇，她應該會因為我感到疲累才對，卻從來不曾讓我不舒服。

也許是因為剖腹生下女兒的關係，我身體的浮腫並沒有完全消退，我就以這樣的狀態領取了碩士學位。曾經不間斷讀了兩年書的我，將學位證書擺在書架上，把讀書的過往拋諸腦後，全心專注在我女兒身上。我和她一起聽音樂，搖著她的玩具，和她一起看繪本口袋書，也會躺在她的身邊，聽她咿咿呀呀的聲音，應和著：「嗯？妳肚子餓了嗎？」「想打嗝嗎？」「妳想睡覺了吧！」「想要玩了嗎？」「喔，妳想出去？」等她聽不懂的話。當她輕輕喘息，入睡的時候，我會躺在她身邊小睡片刻，再起來清洗幾件小小的嬰兒服，晾曬、摺疊，度過久違的安詳日常。

---

2 Statistical Analysis System 簡稱 SAS，為統計分析系統，是一種分析資料的電腦軟體。

那段時間是女兒送我的黃金時光，我相當珍惜。我聽媽媽和姐姐們說，布尿布對寶寶身體好，所以我就每三天煮一次白色布尿布，早中晚幫手腳亂動的女兒做四肢伸展按摩，午餐過後則不管天氣如何，都會將她背在肩上到附近的公園吹吹風，在她耳邊細數著樹名、花名、路名和建築物的名稱。

家裡融合著嬰兒味道、煮衣服味道和痱子粉味道的香甜氣味，就好像一股無法言喻的花香，現在想來，那也許就是「生命成長的氣味」。

因為我開刀，加上女兒黃疸，所以無法餵母乳，出院的時候我還很擔心，萬一她不吸母奶該怎麼辦，沒想到回到娘家後，她並沒有找奶瓶，而是趴在我胸前盡情喝奶。我媽媽抱著喝飽睡著的女兒說，五個兄弟姐妹中，生我的時候奶水最豐沛，總能把我餵飽，也說她很慶幸我喜歡喝母奶，大姐、二姐都沒有充足的母乳可以餵。為此感到遺憾的母親看我抱著女兒親餵的樣子，嘴角浮現一抹笑意。

女兒喝奶的時候，會用如同擁有全世界的眼神看著我，等喝了一陣子後，就開心玩耍，在散步或洗澡後，又會再次大口喝奶，一下就入睡了。吃飽睡、睡飽後四處張望，也玩得開心。而我擔心無法好好養育小孩的茫然恐懼和焦慮，在女兒酣睡的聲音中漸漸淡去。不曉得是因為我覺得安心，所以女兒也安心，還是因為女兒乖巧放鬆，所以我也跟著放鬆。她明明是個弱小的生命，我卻沒來由地堅信，她一定不會被我左右，而且能擁有自己的格局、自己的人生和開闊的世界。

我總會在邊準備晚餐，邊等老公下班的時候，打開紀錄片《動物王國》，原本是開給女兒看的，但我自己在觀看節目的時候，卻有種自己不斷在反覆學習「誕生與死亡、競爭與共存、舉世皆然的母愛與大自然殘酷」的感覺。剛出生的瞪羚，一伸直顫抖的長腿，就跟著媽媽走路，而剛生下孩子的瞪羚媽媽也帶領著孩子，泰然自若地生活，使我不由得興起，我和女兒是否連那瞪羚也不如的想法。沒有什麼東西能比《動物王國》更能讓我領略到舉世皆然的母愛和生命的堅韌，而女兒一天天長大，也提醒了我生命的自我成長。

女兒在畢業將即的那個學期，進了一家小型設計企劃公司。

「媽，我下禮拜開始要去上班了。」

聽著手機傳來的女兒聲音，我臉上掛著大大的笑容，對於她要朝九晚五坐在辦公室裡做自己份內的工作，我感到非常驕傲。到公司上班幾週後，女兒傳來「公司組長要休產假了」的消息。一九九六年和女兒一起度過的「誕生時光」，裝載了我的回憶，只是女兒並不記得，所以我謙卑地希望，現在所有的「女兒」們，都能夠擁有更加溫暖、自然如常，且每個人都感到寧靜安詳的「誕生時光」。

希望你們都能在「誕生時光」裡領悟到，這世上沒有輕鬆的誕生、也沒有只有痛苦的誕生；沒有比誰珍貴的誕生、也沒有比誰悲傷的誕生；更沒有毫無痛苦只有歡笑的誕生，只有「屬於自己的寶貴誕生」。

看著如今長大成人、成為上班族的女兒，當初抓著我的手，用顫抖的小腿一步一步往前走的孩子，彷彿已然長成瞪羚，我心裡甚是欣慰。

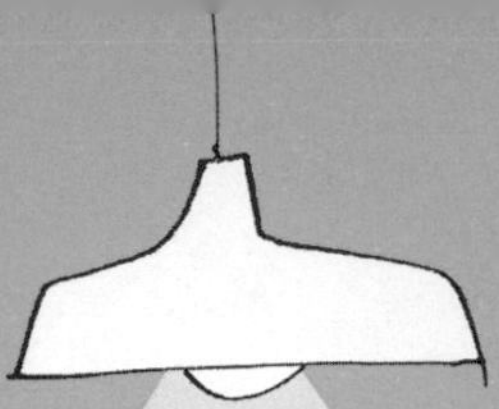

「媽媽，媽媽」女兒哭著輕撫我的背

老公偶爾還是會提起那天的事，他說喝了梅子酒跪倒在地上嚎啕大哭的我，和拍著我的背，用淚汪汪的眼睛抬頭望著他的女兒，就像照片一樣映入他眼簾，成了他心中永遠無法忘懷的一幕。

生下女兒，餵了八個月的母乳後，我從大田到首爾的打版設計專門補習班去學習電腦打版（CAD）。女兒出生還未滿一年，別說我身體疲憊，照顧女兒的辛苦更是不在話下。一大早我就將女兒託付給前面大樓陌生的鄰居家，直到傍晚才和老公一起回家，這使得乖巧聽話的女兒出現了嚴重的便祕，也開始鬧脾氣。過了一個月左右，我娘家媽媽得知這件事情，說她要幫忙照顧孩子到我上完補習班課程，便把孩子帶回了位在鳥致院的娘家。這樣的學習機會，是把女兒託付給別人才換來的，所以我從清早（六點十五分從大田出發，八點十分抵達首爾）到夜晚（八點零五分從首爾出發，十點二十分抵達大田）全心投入學習（回到家後複習到凌晨兩點），不願隨便浪費女兒撥予我的時間。

補習班的課程一結束，我就到首爾面試，然而因為沒有人可幫忙照顧女兒，我只能放棄就業。娘家說有困難，婆家也說沒辦法，老公則是一年後就得開始實習醫生的生活，我感到無力。一九九七年是電腦打版設計剛要普及的年代，在首爾工作容易找，待遇也好，大田的狀況卻截然不同，讓我相當失望。

失望的日子成了沉重的石頭，積壓在我心裡。某一天我接到碩班指導教授打來的電話，碩班畢業時，指導教授曾向我提出教學邀請，當時我說要到產業界發展，豪氣地拒絕他。他想知道我是否順利找到工作了，而我的聲音小得像蚊子，在整個通話過程中，我只感到自己的存在是如此微不足道。帶著年幼的女兒，即便有滿腔熱血，能找到的工作也不多。那天我把新婚時和老公一起釀的梅子酒拿出來喝，量並不少，我卻像喝水一樣全灌下肚。為了餵母乳已經超過兩年沒有喝酒的我，在灌了酒之後嚎啕大哭，悲傷將我吞噬，內心全被無力感占據。

老公說他在返回二十一坪的通廊式公寓住家時，被窗戶傳來的痛哭聲嚇得急忙開門，進門後看見我們母女倆哇哇大哭的畫面，不禁一陣揪心。女兒小小的身軀站著，我則趴在地上哭泣，只見她輕輕撫著我的背，哭著喊：「媽媽！媽媽！」在看到爸爸回家後，帶著一半高興一半安心的心情，輪流看向我和我老公，一邊流下大顆大顆的淚珠。那天晚餐吃了什麼、是怎麼入睡，還有我們說了些什麼，我全都不記得，任憑愧疚感和無力感如海嘯般將我吞噬。

隔天早上，老公用認真的眼神對我說：「去找工作吧！大田的企業雖然不多，但總會有工作機會！我來幫妳。」

他一臉信任地望著還不太會自己走路，只會簡單說：「媽媽、爸爸、啊嗯、ㄋㄟㄋㄟ」的女兒，對她說了些要她好好守護媽媽、她是孝女、現在可以相信的就只有她了等等，女兒根本聽不懂的話。

一九九七年，在大田，使用電腦打版的服飾業者仍相當少，我不管三七二十一地四處拜訪公司，也不斷被拒絕，不過正好有一間公司需要一個能勝任電腦繪圖室的窗口，並編寫作業指示的人，老闆說只能給我最低工資，問我介不介意，我回答他說沒關係。

「誰能想到這附近有這種制服工廠呢？女兒，這都是託妳的福！妳真是孝女！」

面試期間和女兒一起等我的老公，看著我和女兒露出了燦爛的笑容。七個月後亞洲金融風暴來襲，那間公司自然就勸我辭職了，好在一家因亞洲金融風暴而突然大發利市的運動服裝訂製公司設立了電腦繪圖室，聘請我為電腦打版專業人員。

直到現在，老公偶爾還是會提起那天的事，他說喝了梅子酒跪倒在地上嚎啕大哭的我，和拍著我的背，用淚汪汪的眼睛抬頭望著他的女兒，就像照片一樣映入他眼簾，成了他心中永遠無法忘懷的一幕。

那個將充滿愛意的溫暖小手放在我背上的女兒，帶著她男朋友來拜訪我們，並且說：「我們想要結婚，請你們允許。」

才二十多歲就說要結婚，周遭的人難免會認為有些過早，不過我老公羨慕女兒無懼的愛情，說相愛自然就會結婚，有什麼好允不允許的，而我則是對她說，一起生活之後，就會發現對方其實和自己認知中的人不一樣，但這件事彼此彼此，所以要經常從對方身上學習，慢慢去摸索自己的愛與人生。

我很好奇女兒的愛情故事會如何展開。

女兒：

妳要記得，用楓葉般小小手掌輕撫我背的妳，身後永遠都有忘不了妳手心溫度的媽媽，願妳不是作為女人、女兒和媳婦，而是一個自信滿滿的人，無所畏懼地挑戰人生。期許我的女兒和無數與自己母親分享悲傷的女兒們，都能踩著我那個時代的痛苦往上爬，享受無所顧忌的時間和廣闊的世界。

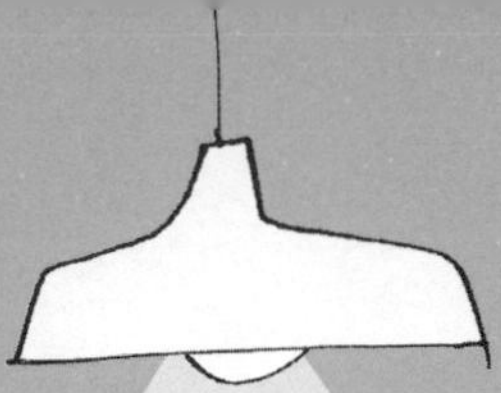

好擔心啊！他居然不認得媽媽了！

媽媽回來我很開心，

可是弟弟認不出媽媽，

好擔心啊！他居然不認得媽媽了！

二〇〇二年八月，我獨自前往米蘭留學，帶著托運行李包到機場時，我還充滿憂心，擔心資料是不是帶齊了、害怕行李遺漏了，也擔心那地方我從沒去過，不知是否能順利找到透過網路聯絡到的韓國留學生之家，然而當我一搭上飛機，帶著滿滿擔憂和悲傷的眼神要我一路順風的老公、女兒問著：「媽媽！妳什麼時候回來？」的眼眸，還有一無所知，不情願地被保母抱在懷中兒子的模樣，倏地闖進我的胸口，恐懼和鬱悶一下子湧上心頭。

晚上九點，我抵達米蘭馬爾彭薩機場（Malpensa Airport）等著我的三段式調節行李包，後來卻發現行李包失蹤了。確認過後，他們說行李被留在我換機的法國機場，讓我哭笑不得。在經歷等行李、找行李的下落和商量如何處理行李的過程後，直到過了午夜我才抵達公寓。

當我找到藏在信箱裡的鑰匙，走到公寓玄關的那一瞬間，全身的力氣一下就沒了。我安心地轉動鑰匙，門卻打不開。直到現在，去歐洲旅行的時候，我都還是很不習慣他們的鑰匙要轉三、四圈才能打開門，更不用說我當時有多麼慌張了。經過十幾分鐘的折騰，我終於進到漆黑的公寓裡，我的留學生活，就在一片黑暗、寂寞與慌亂中開始。

白天上正規課程，晚上參與為二十五歲以上成人免費開辦的義大利語課程，沒有課的星期五就整理筆記、做作業，星期六逛名牌店和探索環境，星期日則去米蘭唯一的韓國教堂擔任主日學校的教師，我就這樣忙碌地過了四個月。

後來在為期兩週的短暫聖誕假期間，我回了一趟家裡，飛快成長的女兒撲進我懷裡，用閃閃發亮的雙眼注視著我的臉。

「媽媽！我好想妳！妳是回來過聖誕節吧？」女兒嘰哩呱啦地說個不停，反觀兒子則是在保母懷中發呆地盯著我看，我對他說：「兒子！過得好嗎？過來，我是媽媽呀！」他卻對我有些陌生。

「喂！她是媽媽啊！你這麼快就忘記媽媽了嗎？怎麼可以忘了媽媽？」

女兒兇巴巴地說完後，我就將兒子一把抱進我的懷中，還沒滿兩歲的兒子一臉不安，掙扎著想脫離我的懷抱。我溫柔地抱著他，對他說：「對不起，兒子！你不會已經完全忘記我了吧？對不起！」也許是因為聽見熟悉的聲音，他才緊盯著我看了好一會兒。

那一天，我和女兒、兒子一起睡，第二天兒子像是恢復記憶一般，在我懷裡展開笑顏，散發著奶香味，玩得十分開心。聖誕假期倏忽即逝，兩個星期後我又重新回到米蘭，用我這輩子最大的熱忱奮發讀書。

結束留學生涯回到家的那一天，女兒和兒子喊著：「媽媽！」擁抱了我，兩個孩子在這一年間像黃豆芽一樣，咻地抽高了不少。幾天後我在整理女兒房間的時候，讀了女兒的圖畫日記，她畫了我和她自己，還有弟弟，並寫了日記。

媽媽回來了，因為是寒假。

媽媽回來我很開心，

可是弟弟認不出媽媽，

好擔心啊！他居然不認得媽媽了！

女兒擔心弟弟不認得媽媽，還寫下了日記，明明她還沒到會懂得擔心誰的年紀，即便只說她很開心媽媽回家，也合情合理。老公說：「我都沒在擔心的事，孩子居然放在心上。」久久凝視著女兒的圖畫日記。

我去留學的那一年，女兒和忙碌的爸爸、弟弟、奶奶一起生活，等我從米蘭回來，全家又再次回到平凡的日常時，女兒問我：「媽媽！奶奶比較疼弟弟，妳也是嗎？」

我對睜著圓滾滾的大眼、如此問我的女兒回答：「我不知道奶奶的心是如何，不過比起後面出生的孩子，先出生的孩子跟媽媽度過了更多時間，也有更多回憶，所以大人們才會比較愛護弟弟、妹妹吧？妳比較早出生，和媽媽也相處了更長的時間，哪天媽媽離開人世了，妳也一定會擁有比弟弟更多的回憶，妳只要這麼想就行了！」

聽我這麼一說，女兒點點頭，開朗地笑著說：「對啊！弟弟和媽媽才分開一下下，就忘記媽媽了。沒錯！我和媽媽度過的時間，永遠都比弟弟還要多五年。」

和偏愛孫子的奶奶一起生活，女兒往往會聽到一些不喜歡的話，對這樣的女兒，我沒有用男女的觀點，而是用「作為一個人」的時間觀念來回答她，而她對於自己是我的第一個孩子，和父母相處的時間比弟弟還要長，也擁有更多回憶這一點，感到非常滿意！

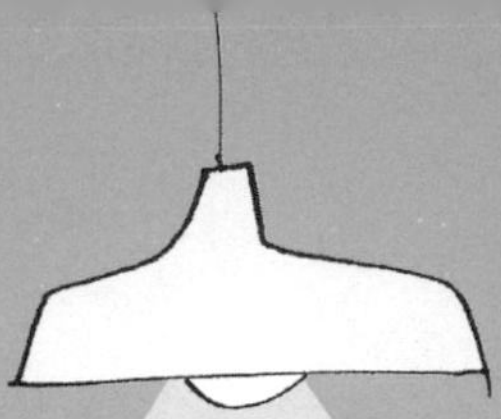

媽媽，我可以叫妳母親嗎？

在三十歲後半的年紀，被自己的孩子稱作「母親」的媽媽會有幾個？女兒在兩年多的期間，始終以母親敬稱我，在她自己也不自知的情況下，支持我、信任我，要我像長今一樣轟轟烈烈地生活。

二〇〇三年秋天，當我結束在義大利米蘭的留學生活，回到兩個孩子身邊時，電視劇《大長今》正開始播映。

女兒見到分隔一年的媽媽回來，變回了生性開朗的孩子。和奶奶、保母一起生活的這一年，她不得不忍受不中聽的話語，弟弟比自己小了五歲，加上我婆婆嚴重的重男輕女，對孫女說話總會不自覺地帶著教訓口吻，所以當我回來時，我女兒不知道有多開心。

回國過了一個月左右，《大長今》隨著劇情一集集播出而大受歡迎，讓全國人民都坐到了電視機前面，只要是《大長今》播映的日子，女兒就會提早做完作業，端坐在沙發上等著看長今，等到電視劇一播完，她總會在客廳轉來轉去，邊唱著主題曲〈呼喚〉，再突然貼近我，跪在我面前，像機關槍一樣對長今的事問個不停。

「媽媽，長今真的很了不起，無所不知，對吧？」

「這代表長今就是這麼努力啊！以後妳要是有想要做的事，就努力去做，像長今一樣。」

某天傍晚，女兒問我：「媽媽，我能叫妳『母親』嗎？」

「母親？為什麼？妳想叫我『母親』嗎？」

我反問她之後，女兒露出炯炯有神的眼神和微笑回答：「對，我想叫妳『母親』。」

我內心驚訝，沒想到她對《大長今》沉迷到想以「母親」稱呼我，但我想反正她頂多叫一個月就會停了，於是回答：「好，既然妳想這麼做，那就叫我『母親』吧！」

那之後的兩年，我女兒不管有沒有客人在場，無時無刻都會用「母親」來稱呼我。娘家的媽媽看我女兒這樣，會問：「她是怎麼了？」我爸爸則會說：「以前大家就是這麼恭敬地稱呼父母親。」然後開始憶當年。至於公婆看見我女兒，除了說「她還真特別」之外，也不會再多說什麼。

實驗室的學弟妹來家裡玩，看我女兒叫我母親，並問他們：「要喝水嗎？」的招呼樣子後，只差沒當她的面捧腹大笑，但他們也會說：「學姐，現在很少聽到這麼叫了，不錯喔！」並稱讚我女兒的言談舉止。在我記憶中，女兒到了五年級的暑假，就自然而然改回稱呼，叫我「媽媽」了，我問她：「為什麼？怎麼不繼續叫『母親』了？」她微笑瞇眼說：「現在不想了，媽媽聽起來更親近一點。」

其實女兒叫我「母親」的那兩年，正是我修讀博士，最辛苦難熬的時期。我女兒大概不知道，她恭敬喚我「母親」的聲音，聽起來像是在鼓勵養育兩個孩子，上了年紀還在進修的我，要像長今一樣勇敢地克服難關。

「母親，您今天也會晚回家嗎？」

「母親，今天學校有運動會，您很忙，應該不能來吧？」

「母親，這是要父母陪同去愛寶樂園的活動，我要自己去嗎？」

女兒總用恭敬的態度和溫柔的語氣問我。

「女兒，我今天要做實驗，應該會很晚才回家。」

「這次的運動會，天安的奶奶會去參加。」

「愛寶樂園和烏致院的外婆一起去怎麼樣？」

我記得我總是帶著歉意回答她。

在三十歲後半的年紀，被自己的孩子稱作「母親」的媽媽會有幾個？女兒在兩年多的期間，始終以母親敬稱我，在她自己也不自知的情況下，支持我、信任我，要我像長今一樣轟轟烈烈地生活，這樣的女兒，又能有幾個呢？

女兒！

現在媽媽也差不多成了韓尚宮[3]，所以妳就像長今一樣生活吧！這條路很辛苦，其實我並不想建議妳走，但如果妳願意去走，我希望妳嘗試一回。雖然這條路依舊艱難，但人們都說社會已經在改變了，誰曉得呢？

也許會比我那時候來得容易也說不定。

3 韓國電視劇《大長今》的角色，個性溫柔、成熟，有著母親般的溫暖和包容。

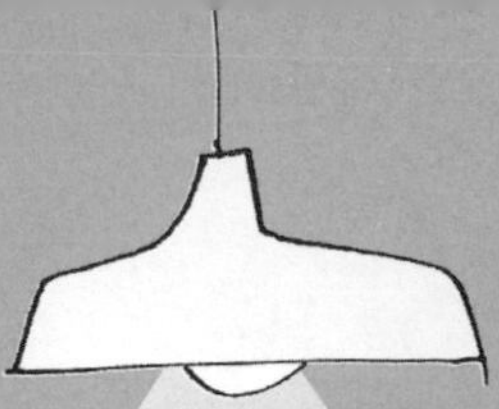

可以畫在
寬闊一點的地方嗎？

妳可以用原子筆畫，塗上顏色也沒關係，

這是妳的房間！是屬於妳的空間，

就好好用畫筆去填滿它吧！

二〇〇六年一月，我把博士論文高高堆疊在書櫃上，對國小五年級的女兒說：「以後媽媽都會在家，如果妳想邀請朋友來家裡玩，隨時都可以，我會幫你們準備點心。」

為了幫在一月中出生的女兒慶生，我邀請女兒的朋友，舉辦了好幾年沒辦過的生日派對。她的生日大餐，其實也就是辣炒年糕、披薩、炸雞和紫菜包飯而已。因為孩子們特別喜歡我做的紫菜包飯，所以我一大早就忙著做。六歲的兒子難得見到姐姐的朋友來家裡玩，也跟著興奮起來，追著姐姐們的背後跑，整個家像歡度慶典一樣，非常熱鬧。

看著兩個孩子開心玩耍，我想到因為我的關係，全家人長達四年的時間，週末都無法去找朋友，只能待在實驗室裡，內心不免覺得懊悔。在我去念電子通訊研究院（ETRI）博士後課程前的三月，整整一個月，女兒總愛帶著一群朋友到家裡玩，因為對她來說，這是她四處到人家家裡玩、受人招待了幾年後，難得有機會可以請好朋友吃零食。

某一天，女兒有點扭扭捏捏地跑來問我：「媽媽，我可以畫在寬闊一點的地方嗎？」

「大一點的地方？好啊！妳想要的話就去畫吧！」

「真的是很大的地方喔！」

「妳想怎麼畫就怎麼畫。素描本太小了嗎？媽媽買本大一點的給妳。」

那一天女兒和朋友汗水淋漓地玩到晚上，朋友一離開，她就說今天很累要早點睡，回到自己的房裡。隔天我進去幫她整理房間時，發現床邊牆壁中央有些圖案，那是會在漫畫中出現的少男少女們，擺弄著各種姿勢和表情，還有對話框懸掛在旁邊。

書桌抽屜裡頭有兩本女兒畫的漫畫分鏡本，衣櫃裡還藏了五本漫畫，漫畫女主角有雙閃閃發光的大眼睛。由於老公輪班，加上我下班時間晚，婆婆都會幫忙照顧孩子，有時耳邊會閃過婆婆抱怨的話語：「妳女兒不念書，老是畫一些沒用的畫。」

那天晚上，我告訴女兒：「我本來想買大本的素描本給妳，不過我想，在大一點的地方畫會更好。」

女兒應該是和朋友玩的時候想要表現，而在牆壁上畫了漫畫，但是又怕被責罵。我望著女兒清澈的雙眼，用響亮的聲音繼續說：「妳可以用原子筆畫，塗上顏色也沒關係，這是妳的房間！是屬於妳的空間，就好好用畫筆去填滿它吧！」

「可以嗎？真的嗎？以後我睡前可以看圖畫了吧？謝謝媽媽！」女兒的眼睛亮了起來。

她一路從國小畫到國中，牆壁滿滿都是畫，那些圖案隨著女兒的身高漸長而越來越高，她的朋友也會和她一起在房裡，一邊吃著紫菜包飯和辣炒年糕，一邊參觀她的畫。那個在牆面上畫滿圖畫的女兒、那個說要創作自己獨創故事而在分鏡本上畫滿漫畫的女兒、那個畫過漫畫《美少女戰士》月光權杖，後來讀了視覺設計的女兒，建議我在創作平台Brunch平台上發表隨筆，並自告奮勇地說她要負責畫圖搭配文章。（後來與出版社簽約，只是協議出版了沒有圖畫的文章。）

即便週末也因為公事忙得不可開交，女兒還是開始畫起充滿她個人色彩的畫，用圖畫擁抱了我們一家人，在她的眼裡，爸爸是一隻羊、媽媽是狐狸，她自己是頭熊，而弟弟則是隻刺蝟。

有一天我對忙於公事的女兒說：「妳很忙的話，這次的圖案大概畫畫就好，隨便畫沒關係，誰會這麼認真看呀！」

聽我這麼說，女兒用鏗鏘有力的聲音回答：「越是忙、越是累，就更加不能敷衍了事，越是不容易，就要越認真。」

女兒的當頭棒喝，讓在一旁聽我們講電話的老公笑著說：「妳太不了解女兒了！接下來辛苦的會是妳喔！」

是我太小看一雙小手就能用畫填滿了整面牆的女兒，小看了她一旦開始就不輕言放棄的熱情。

不過啊！女兒，當太累的時候、真的感到疲倦和忙碌的時候，妳可以暫時將日常和空間，像張紙般摺疊，再穿上一個洞，為自己保留一點空間。因為我們雖然活在三次元的空間裡，但在這宇宙中，人類的生命並不被侷限於此。

我讀博士班感到疲憊的時候，就曾經將時間像紙一樣摺起來，暫時擱置，所以我知道。

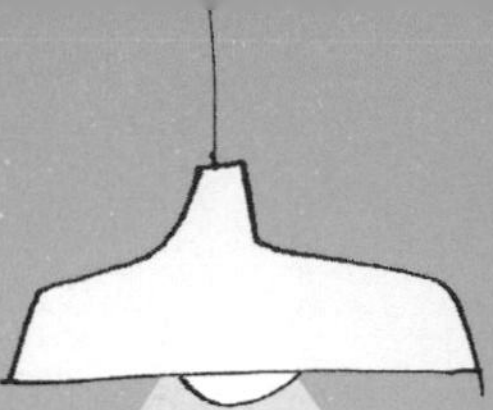

一定要贏嗎？不能開心地溜冰就好嗎？

「在競賽的時候，本就應該要盡自己全力，這樣才能知道哪裡好、哪裡不好，進而解決問題。」但是女兒卻一臉不高興地回答：「這我知道，但是我想要開心地溜冰，用溜冰贏過別人一點都不好。」

已經逝世的父親在哥哥上國民學校（國民小學舊稱）時，很喜歡在水田結冰的滑冰場上溜冰，至今我仍忘不了父親在冰面上飛馳的身影。媽媽只買溜冰鞋給大我六歲的哥哥，而我總是拉著雪橇跟著哥哥去溜冰場。女孩們穿著花式溜冰鞋在滑冰場中央帥氣轉圈，男孩們腳穿溜冰鞋在冰面上穿梭自如，那畫面多麼引人入勝。

女兒國小三年級的寒假，我們全家人一起到大田的夢精靈戶外滑冰場遊玩，女兒和我隨著音樂溜冰，我邀請老公加入我們，不過婆婆在老公小時候擔心他夏天游泳溺水、冬天擔心他溜冰掉進湖裡，導致他只要提到水和冰，內心就充滿了恐懼，想當然爾，他拒絕我的提議，那時只是和年幼的兒子吃著魚板在一旁看著我們。當時我在攻讀博士學位，正是忙碌的時候，一方面是為了尋找女兒就讀的補習班，一方面也是一到冬天就會想起的溜冰回憶，激起了我想教女兒溜冰的熱情，因此當我看到為期四週的冬季課程時，我問女兒：「女兒，妳想學嗎？」女兒欣然點頭，「想，我想學，這很好玩。」

一年後，女兒再次報名了戶外滑冰課程，授課教練見她對溜冰駕輕就熟，便建議我讓她接受正式訓練，於是原本連大田有室內滑冰場都不知道的老公和我，就帶著女兒前往南仙公園的市內體育館。

女兒在學習上很有自己的一套心得，加上她個性沉穩，很快就掌握並適應了教練教的姿勢。隨著體力增加，她不害怕冰面的心態、正確的姿勢、適度的力量分配與向前衝刺時，將體重化為動力的簡潔動作，都一一轉化成了速度。訓練的頻率從五年級上學期的一週兩次，增加到下學期的一週五次之後，女兒的速度也變得比一年前就開始學的孩子，還要來得快。

五年級期末，孩子們為了即將到來的比賽進行了練習賽，女兒輕輕鬆鬆就將其他孩子甩在後頭，第一個返回終點。我開心地看著女兒，然而女兒一回頭看見其他同學的表情之後，臉就沉了下來，因為晚回來的孩子被教練訓斥，而那孩子的教練憤怒地揮舞著冰刀套，彷彿要將自己的學生生吞活剝。那個孩子比女兒還要早開始受訓，從四年級開始每個禮拜接受五次指導，實力原本比女兒還要出色，這樣的狀況卻隨著女兒的訓練量增加而出現逆轉。現在也是一樣，在滑冰場上學員們接受個別教練的指導，教得好的教練，學生自然蜂擁而至。剛來不到一年，女兒的出色表現對她的教練來說，是一件值得高興的事，但對於對方的教練來講，無疑是再尷尬不過了。

那天要回家的時候，我在車上對女兒說：「女兒，妳很厲害耶，表現很精彩！」

女兒回答：「一定要贏嗎？不能開心地溜冰就好嗎？」

聽見女兒的回答，我想起那個一邊大吼，一邊揮舞著冰刀套的教練。

「這是比賽，當然要盡全力，怎麼了？」

「比賽的時候，教練說的話我們都能聽見，可是……」女兒並沒有把話說完。

「所謂的競爭相當黑白分明，速度快的人自然會領先。」

「速度快我當然也開心，但是看到那個同學被罵到哭，我就於心不忍。」女兒表情陰鬱地說。

「在競賽的時候，本就應該要盡自己全力，這樣才能知道哪裡好、哪裡不好，進而解決問題。」

但是女兒卻一臉不高興地回答：「這我知道，但是我想要開心地溜冰，用溜冰贏過別人一點都不好。」我似乎可以理解女兒的心情。

「我不是要把妳培養成選手，只是覺得透過身體力行的運動挑戰極限，可以知道身體勞動有多麼辛苦，也是一個很好的經驗。而且大腿肌肉如果不從小鍛鍊，長大就不好練了，肌肉一旦練起來就可以支撐妳一輩子，所以我才讓妳來運動。妳就按照想做的去做，輸了也沒關係，如果妳真的想，慢慢來也不要緊。」

「好，我知道了。」女兒開朗地笑了笑，和弟弟嬉鬧了起來。

在這件事情過後的幾次練習中，女兒都跟在那孩子的後方，即使女兒的教練大聲叫吼，心焦如焚，她也裝作不知，沒有超越那個孩子。練習結束後，我去找了教練。

「我女兒不喜歡其他同學被責罵，您就不用管她了。每個人生活的方式不同，還請教練多多包涵。她溜冰的時候要感到幸福，以後生了孩子，才會帶他們來體驗。誰曉得呢？說不定她會生下一個像安賢洙[4]選手一樣的孩子。」

教練大笑說：「好，媽媽，我知道了。她速度快人家一大截，要溜得比別人慢也不容易，我明白您的意思。」

現在回想起來，我那些話可能有些無禮，不過教練聽到我說年幼的女兒長大成了媽媽，會帶像安賢洙選手一樣的孩子來滑冰場，也只是大笑出聲，爽快地答應了。

直到六年級畢業為止，女兒每次練習的時候都會汗流浹背，順利完成長達三個小時的魔鬼訓練，然後看著弟弟為纖細的雙腳穿上溜冰鞋，可憐著正要

4 俄籍韓裔男子短道競速滑冰運動員，曾代表韓國參加各類比賽。

開始受苦的弟弟。

最近我們一家四口偶爾會去滑冰場，穿著緊身衣滑行的時候，我彷彿還能聽見女兒的聲音。

「一定要贏嗎？不能開心地溜冰就好嗎？」

我想把她的話，重新送給即將踏入婚姻、不喜歡明顯競爭，且拒絕接受明明幾乎同時進入終點線，卻只有勝利者獲得稱讚的女兒。

女兒：

別用求勝的心態生活，開心地去享受人生吧！

我很慶幸妳比我更清楚，即使是為了快樂溜冰，也需要花上那麼多的時間訓練，和流下許多的汗水。

如今，妳的人生即將有一場真正的無形競賽要展開，願妳能用那熬過艱辛訓練的大腿，在宛如冰面的婚姻競賽中好好加油。至於速度的調節，妳從小就訓練有素，我相信妳一定能夠做得很好。誰曉得呢？說不定妳會生下像崔珉禎[5]選手一樣的女兒。

5 南韓女子短道競速滑冰運動員，二〇一八年平昌冬季奧運金牌得主，短道競速滑冰女子一五〇〇公尺世界紀錄及奧運紀錄保持者。

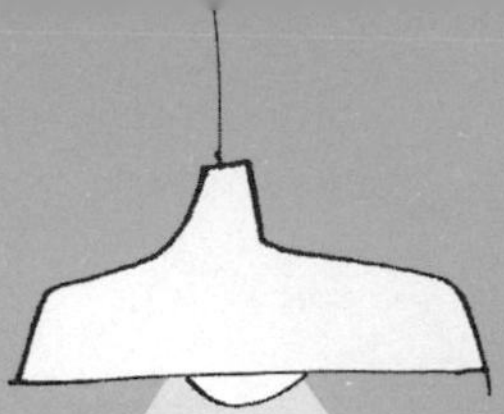

等價交換原則

原本那個只會趴在房間地板或只對遊戲傾注熱情的兒子，在露營的過程中，倏地走進了我們的日常生活裡，他受「等價交換」影響的模樣，我至今難忘。

二〇一四年八月，我以中密西根大學客座教授的身分，和家人在美國待了一年的時間。當時女兒讀完大學一年級上學期，兒子得了「中一病」[6]，老公在大田照顧兩個孩子八年餘，也正是感到精疲力竭的時候。（他認為大田是比群山還要大的都市，堅持要自己帶著兩個孩子。）替女兒和兒子辦好休學手續後，老公向工作了十幾年的大學附設醫院提出辭呈，成了無業遊民，並打包好滿滿八個托運包。

抵達密西根（Michigan）的小城市——芒特普林森（Mount Pleasant）之後，領取駕照、申請社會安全碼、開立銀行帳戶、辦理校園識別證和停車證、買車、繳交兒子的公立中學入學資料、註冊女兒的語言研修課程，做完這些基本的定居準備作業，兩個星期就過去了。

6 意指孩子從國小升上國中，脫離兒童期開始練習獨立的時期。面對新環境帶來的壓力，容易因為不適應引發各種情緒反應，甚至和父母產生摩擦。

在美國的生活雖單調，卻也祥和。我們一起買菜、散步，也一起運動。生活放鬆下來之後，兒子的「軟爛症」再次復發，清晨七點四十分上學，放學後就用疲倦的眼神趴在地板上。我和老公長時間看他這樣，早已見怪不怪，但還是想知道他一整天上的英文授課課程，是否真的有聽懂。只是我們問了他也不回話，他不肯說，那他究竟理解了多少，也只有神才知道了。生平第一次養兒子，我還能怎麼辦呢？

我們一家人每天早上亂哄哄地盥洗，晚上一起吃晚餐，週末就一起運動，像這樣和家人一起度過再平凡不過的日常，不管是心情還是想法，都變得舒適自在。

我和老公、女兒三人在準備晚餐的時候，兒子不是在彈電子琴，就是在客廳某個角落，開著筆電沉迷在遊戲裡，他敲鍵盤的手技堪稱神技。我偶爾叫兒子去打掃或洗碗的時候，他就會睜大雙眼，像是聽到什麼不可思議的話說：「我嗎？我為什麼要做？」接著像陣煙一樣地消失，溜進自己房間，這個時候老公通常會自告奮勇說：「我來吧。」女兒則是咂嘴說：「他有病啦，媽，中『二』病！」

二〇一五年六月，暑假開始，我們一家將行李裝滿SUV休旅車，出發前往加拿大進行長達十一天的露營。我們偶爾會在家附近進行兩天一夜、三天兩夜的露營，不過超過十天的行程還是第一次，所以一家人都感到緊張。出發露營前，女兒說要下載晚上可以觀看的影片。

「要治療弟弟的軟爛，沒有比這個更好的了。」

「那是什麼？」

看我和老公好奇的樣子，女兒燦爛地笑了笑：「妳不是也有看過電影版嗎？《鋼之鍊金術師》整個系列其實相當有內容，有感動人心的地方，也有很多值得學習的東西。我敢跟妳保證，等看完整個系列，什麼軟爛、中二病，還有他掛在嘴上的『我為什麼要做？』通通不會再有！」

女兒的話裡充滿了自信。

《鋼之鍊金術師》描述了一對兄弟——愛德華和阿爾馮斯，為了讓亡故的母親復活，使用了禁忌鍊金術的故事，隨著故事展開，「等價交換原則」也不斷出現。女兒平時就用各種動畫哄騙弟弟，所以相當清楚這部六十四集的動漫，在弟弟身上會產生什麼樣的魔法。

從擁有美麗湖景的露營地到城市內整潔的露營區，透過造訪營地一窺加拿大的容顏，是一件美好的事。在一座城市停留兩天，白天探索城市、到超市買菜，晚上吃個簡便的晚餐，洗洗碗，使用公共浴室和公共洗衣間，這樣的生活只有「單純」兩個字可以形容。傍晚搭好帳篷，吃完飯後全家人並肩坐著看《鋼之鍊金術師》的愉快時光，更是沒有任何東西能比得上。《鋼之鍊金術師》中用「等價交換」一詞，不斷重複天下沒有白吃的午餐，人不付出犧牲，就無法得到任何回報的概念。

雖然露營本就是這樣，但我還是透過兒子的手了解到，人的一雙手能夠發揮多大的力量，以及只要再多個人手，進度可以如此飛快。搭帳篷的時候，兒子用科學的頭腦和機智的手法，與他爸爸展現絕佳默契，不用十分鐘就能搭好一頂六人帳。

「媽媽！趕快把帳篷搭好吃飯，才能看《鋼之鍊金術師》啊！他只是不做而已，認真起來也是很厲害。妳看，他已經領悟到什麼是等價交換的道理了，對吧？」

女兒的話讓我不禁大笑，老公問：「怎麼了？」我回答：「因為帳篷一下就搭好了，我在想說兒子是不是施展了鍊金術。」老公望向正全神貫注搭帳篷的兒子說：「這『帳篷鍊金術』以後妳天天都能看到了，請叫我們『父子鍊金術師』！」臉上洋溢著幸福。

不只是帳篷而已，每兩天就得洗一次的衣服，在露營期間是最耗時間的工作，到了露營第二天，兒子就主動說要負責洗衣服。每個露營區的洗衣機和烘乾機都不同，原本以為這件苦差事會落到喜歡操作機器的老公一人身上，見到兒子和老公一起從位置上站起來，收集大家的衣物拿去洗的樣子，簡直像是看到奇蹟。費力的木柴購買、手續繁瑣的升火、設置和拆解瓦斯爐等，原本那個只會趴在房間地板或只對遊戲傾注熱情的兒子，在露營的過程中，倏地走進了我們的日常生活裡，他受「等價交換」影響的模樣，我至今難忘。

我必須承認，父母看待孩子的視角，和孩子們互相看待彼此的視角，截然不同，也不得不承認，女兒為了治療弟弟老愛說「我為什麼要做？」的毛病，而提議要看《鋼之鍊金術師》，比我們跟兒子說的任何話都還要有用。

女兒：

一直以來，妳應該都認為人生是種等價交換，但現實與童話不同，婚姻中

的不等價交換，想必妳還有所不知，我想告訴妳，「婚姻」這種全新的關係，會像驚喜包一樣，為妳帶來無數的不等價交換，因此，從來都只有等價交換想法的妳，也許會感到驚慌失措。

將不等價交換轉為等價交換，需要相當多的能量，難免會想在中途放棄，然而量變會帶來質變，妳千萬不要錯過不等價轉換成等價的瞬間，也願妳在充斥著不等價交換的婚姻生活裡，能找到屬於妳自己的等價交換。

Chapter 2

願媽媽的世界不會成為妳的陰影

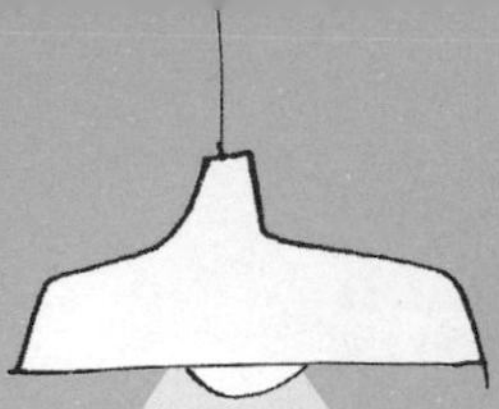

當作多了個乖巧女兒

我愛的是我老公，而不是我老公的爸媽，他們不去要求我老公敬孝，而是來要求我這個沒見過幾次面的媳婦，在彼此培養出更深的感情之前，就想要從我身上得到這樣的愛。

一九九五年一月，我的相見禮，像是結了霜的窗外風景一樣遙遠。不知是年紀大，還是自己曾經歷過，在女兒的相見禮結束後，我摸索著記憶，彷彿窗上的霜融化，記憶也一一浮現，我想起當時恭敬的問候和長輩們說的話。

當天我與老公和各自的父母分別坐在兩邊，天真地任幸福溢滿我的心。老公是家中長子，我在家排行第四，雙方父母的經驗值也有所不同，我爸媽已經辦過兩個姐姐還有哥哥的婚禮，因此早就體驗過兒子和女兒結婚的不同，也知道首爾女婿和忠清道女婿的差異。

公公說著：「謝謝你們把養育得這麼優秀的女兒，嫁到我們家。」當作問候，婆婆則以「我會當作是多了一個乖巧的女兒」開啟話題。

爸爸回說：「她有很多不足之處，也還沒完成學業（當時我碩班二年級），讓人擔心啊！」倒是媽媽沒有多說話。雙方父母平靜地討論結婚的日期和地點，確定了時間和場所之後，就開始交換家中其他孩子的情報。那時的相見禮雖然像是結了霜的玻璃窗，然而公婆所說的話——「把女兒嫁到我們家」

和「多了個女兒」，卻沒有在我心中消融，久久留在我的記憶之中。

整個過程流暢順利，沒有爭吵和傷心，我們結婚了。結婚之後，對我們有諸多好奇的公婆囑咐要一週打兩三次電話問候，我不覺得是什麼大事，於是乖乖打了電話問候，這件事卻也自然而然變成了我的責任。沒有什麼特別的內容，多半只是關心早餐吃了什麼、衣服有沒有穿暖等瑣碎小事。還在讀碩班二年級的我，早上被老公載到學校上課，下課後也是坐老公的車回家。

在我懷孕後，問題很多的婆婆開始照三餐打電話，打到家裡、打到研究室。婆婆是國小老師，早上上班的時候問我早餐吃了什麼，中午吃完飯也問，下班之前還會關心我的身體狀況，她的重點永遠只有一個——妳要好好吃飯，孩子才會健康成長；妳要健康，老公才能過得舒心。放下話筒後，「把女兒嫁進我們家」和「多了個女兒」這兩句話的意思，深深印在我心中，我終於明白，原來那兩句話的意思是「娶進了一個可以傳宗接代，照顧兒子的女人」。

距離生產前一個月的時候，電話鈴聲於我已經像是害喜一樣令人不適，我本身並沒有害喜症狀，但在我身上，那些害喜普遍會有的問題，全都可以適用在電話鈴聲上，即便如此，在我記憶中，我仍然會接起電話，輕聲細語地回答，就算我心裡想，「有哪個女兒會明明不情願，還溫柔回話？」也還是因為婆婆是我所愛之人的母親，而保持著禮貌。

我知道「孝心」並不是一種由上往下流動的自然情感，從我爸媽的人生當中，我也了解到孝順是子女對父母付出的一種逆行的愛。

問題是我愛的是我老公，而不是我老公的爸媽，他們不去要求我老公敬孝，而是來要求我這個沒見過幾次面的媳婦，在彼此培養出更深的感情之前，就想要從我身上得到這樣的愛。從來沒接受過的愛，又要如何回報？他們怎麼會覺得這有可能做得到？然而二十幾年來，我在身體力行這些行為的父母膝下成長，看著那些被稱之為「孝道」的舉止，領略了對待長輩之道，因此我悶不吭聲。

我一放下電話筒，老公就變得小心翼翼，滿臉歉意地對我說：「我媽是只要想知道，就一定會追根究柢的個性，妳就多體諒一下吧。」然後說自己媽媽長期體弱多病，生了兩個孩子身體太虛，連韓醫師也嘆氣、或是認識的僧人說媽媽活不久云云，試圖用這些故事擺脫危機。當時我忍著內心那股聽到電話鈴聲就會像害喜一樣想吐的不適感，拿起話筒，平復自己的心情，想著：這總有一天會過去。

生完女兒後，我在娘家坐了一個月的月子。媽媽盡心盡力照顧餵母乳的我，為了手術後行動不便的我，在小餐桌上精心準備了飯菜。

女兒抿嘴要喝奶的時候，我問說：「媽，我先餵奶再來吃飯吧？」媽媽立刻斬釘截鐵地說：「媽媽肚子要先吃飽，母乳才會順利分泌，妳先吃吧！孩子不會因為這十分鐘就出什麼事。妳不用擔心，慢慢吃，我先幫妳抱著小孩安撫她。」

外婆話說得堅決有力，女兒也只是在外婆懷裡舔舔嘴，並沒有哭鬧。

坐完月子到婆家，公婆抱著孫女，看她酣睡時輕輕顫動的鼻子嘴巴，臉上堆滿笑容。這是生下女兒後，時隔一個月才來拜訪公婆，我準備好晚餐正準備吃飯時，到了喝奶時間的女兒開始嚶嚶哭鬧。我坐在餐桌前，拿起湯匙正準備喝湯時，婆婆說了我一句：「先餵完奶再吃吧！孩子要餓死了。」

我不自覺地嘆了口氣說：「好，我去餵。」剛剛忙著準備晚餐，久違的勞動之下肚子正餓，我忍著飢餓朝女兒走了過去，女兒吭咬著乳頭，用水汪汪的大眼盯著我看。我心裡想，就是因為這樣，父母才會對誕下女兒感到難過吧？就是因為這樣，公婆才會感謝媳婦嫁進來吧？也深刻地明白，公婆認為自己多了個女兒，內心真正高興的是什麼。

公婆並不是行事過分的人，他們都是極其平凡和傳統的人，只是我似乎是從那一刻起，開始清楚意識到我所感受到父母親的樣子，竟然有如此明顯的差異。

生下老二，從教師職位退休的婆婆幫我坐月子時，我小心翼翼地提出了自己的意見。即使兒子哭著要喝奶，我也還是坐在餐桌前吃飯，婆婆說：「孩子肚子餓了，怎麼辦？」我低著嗓音對婆婆說：「媽，又不是餵牛奶，我要先好好吃飯，才能順利分泌母乳，等個十分鐘不會出什麼大事。我吃飯的時候，請您幫我抱一抱孩子吧！」婆婆盯著我，滿是驚訝地抱起孩子。

「哎呀，肚子餓了嗎？等媽媽吃完你才能吃，再等一下吧！」婆婆抱著寶貝金孫說。

我們的文化中，透過體制教育教導平等，卻又要人恪守不平等的家庭關係，在這樣的社會之中，要包裝自己也是件累人的事。我希望以後這社會不會再有「媳婦是嫁進來的」，或是把「媳婦當作自己女兒」的想法。不論是和兒子結婚的媳婦，還是和女兒結婚的女婿，他們需要的都不是一句「當作女兒、當作兒子」的宣言，而是時間——互相尊重、慢慢了解彼此的時間。

孝順這種逆行的愛很不容易，正因為不容易，所以十分寶貴。我認為行孝是一件美事，只是如果在犧牲人生為子女奉獻、歷經風霜與痛苦付出這些愛之後，哪怕是想獲得一半的回報（孝），不是應該從有辦法回報的親生子女身上索取嗎？或許是因為父母親也很清楚，敬孝有多麼困難，他們才會從「像女兒一樣的媳婦」、「像兒子一樣的女婿」，而不是自己的孩子身上索要，因為行孝是如此的大不易。

女兒的相見禮之後，我自我反省，我的兒女不管身在何處，都是反映了我的人生與存在的人，我反省自己是否把太過傳統的行為模式教給了他們，讓他們從稱之為「孝道」的風俗中，以及我身上，學會了這樣的習慣與習俗。我也不禁想：「我一個人暫時辛苦點就沒事了，這一次就放棄堅持吧！」無數諸如此類順從的舉動，還有與平等兩字相距甚遠，有形無形中展現的那些沒有原則的行為，是不是都在不知不覺中，對我的兒女產生實質影響，並傳承給了他們。

To my sweetheart

我希望以後這社會不會再有
「媳婦是嫁進來」，
或是把「媳婦當作自己女兒」
的想法。

不論是和兒子結婚的媳婦，
還是和女兒結婚的女婿，
他們需要的都不是一句宣言，
而是時間——

互相尊重、慢慢了解彼此的時間。

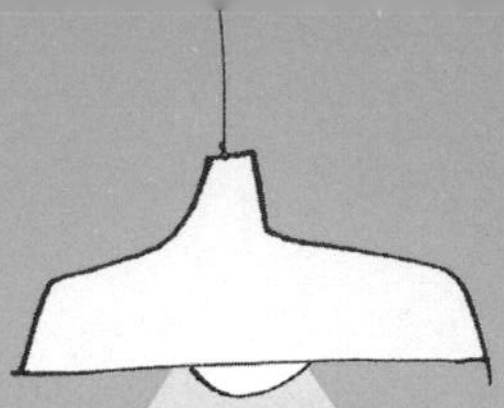

幫傭
哪有她做得好？

若是真能靠一句宣言就讓媳婦變成女兒，那該有多好？若是能用一句我愛你就讓愛一夕成真，那該有多好？若是用甜蜜動人的話，就能打造魔法般的世界，那該有多好？

生完孩子過了三週，公公因胃癌而動了開腹手術。也因為公公與婆婆都是擔任教職，所以開刀日期選在二月春季放假。

在鳥致院娘家坐完月子的那個星期六下午，我打包行李到了婆家。公公開完刀在家中休養，人沒什麼精神，婆婆憂心忡忡地擔心新學期就要開始，若是自己去上班了，不知公公該如何是好。

爸爸在我整理行李的時候，用低沉的嗓音跟我說：「胃癌手術不是小手術，妳過去之後，要好好照顧公公。」一旁的媽媽附和：「雖然會很辛苦，但公公生病了，妳要多用點心。」剖腹生下孩子，讓我瞭解到手術比想像中還要痛苦，而且受媽媽無微不至地照顧了一個月後，年輕的我也彷彿重新恢復了健康，我回答：「媽，那是當然。孩子也不太哭鬧，我當然會好好照顧他。」老公不發一語地整理行李，猶豫著讓我去幫忙照顧公公，還是讓我再多休養些時間比較好。

婆婆說看到「像女兒一樣的媳婦」來，心裡就踏實了，一坐下便問我：「妳能待幾個禮拜？」

娘家爸媽對我說，即使辛苦也要至少幫忙照顧一個月，畢竟媽媽才剛幫我坐完一個月的月子，我認為這話似乎也有道理。我思索了一會兒，回答：「媽，我先待兩週看看。」

生孩子前我是真的非常健康，加上坐月子的時候身體也恢復得相當迅速，所以我大膽地說了兩個星期。雖然爸媽有交代，但我覺得老公不在身邊，一個月會太累，所以折衷為兩週。星期日老公和我到附近超市買菜，簡單打掃後，便把嬰兒用品擺進了婆家老公的房間。身為公眾保健醫生[7]的老公，星期一凌晨就去上班了，他說：「星期六上午看完診就會過來。」我也開始了邊照顧女兒，邊照護公公的生活。

---

7 韓國兵役的一種，須至沒有醫師的鄉鎮或保健所工作三年。

我這輩子第一次熬粥。我用媽媽告訴我的方法，將米泡水，餐餐（一天五餐）煮粥。媽媽在我整理行李的時候告訴我，用米飯熬的粥和生米泡水後熬的粥，不只是心意，連味道也不同，並囑咐我：「米一定要先泡水，用芝麻油炒過後再熬粥。」蔬菜粥、牛肉粥、蘑菇粥、黑芝麻粥和鮮蝦粥等皆是如此。

一天下來我要準備早餐，接著打掃、餵奶、洗尿布，和準備中餐、晚餐。到了星期二，我站著煮粥的時候，腳跟宛如針扎般刺痛。星期三我炒米、切菜的時候，手腕像泡進冰水中，凍得發疼。星期四為公公準備完午餐後，強烈的睡意襲來，讓我無法招架。那時我還在餵母奶，每當孩子吸奶，我的身體就如同著火的紙張，幾乎要粉碎，每次起身都得咬緊牙關。到星期五洗尿布（媽媽和婆婆都說手洗最好，唯一的差別是媽媽會親自洗，婆婆則只是站在一旁看著我洗）時，我流鼻血了。我又暈又累。煮粥、上菜、打掃、餵奶、洗尿布、燙寶寶的衣服……，瑣碎的小事一件接一件，沒有喘息的時間，我好想老公。

婆婆上班忙碌，回到家卻什麼忙也幫不上，因為到老公讀高中為止，家事都是幫傭做。那個星期還真不曉得是怎麼過去，直到星期六早晨來臨，我才終於能緩口氣。

那天老公在下午兩點左右抵達，婆婆看著回家的兒子說：「吃過飯了嗎？」接著以要我去準備午餐的眼神盯著我，我望著老公，燦爛地笑了，臉上在笑，心裡卻在哭泣，因為太高興又太累了。

老公一見到我，就拉著我的手要我跟他進房間，眼睛瞪得大大的。

「妳的臉是怎麼了？怎麼慘白得像個死人？」

「就有點累。」

「拜託妳就躺著休息吧！」

老公很生氣。他走到客廳和婆婆用我聽不到的音量交談，我餵完奶後睡了一陣子。睡醒我走到外面要準備晚飯，婆婆說：「有休息一會兒了嗎？怎麼不多休息一下？」我回：「不用了，我有好好休息了。我去準備晚餐。」晚餐後，我們坐在客廳喝茶，老公意志堅定地說：「明天上午我們會打包行李回家。她剛坐完月子，好不容易才把身體調回來，這樣下去不行。」

「那你爸爸要怎麼辦？他一天得吃五次粥。」

「這個妳自己想辦法解決。她才剛生完孩子一個月，又不是過了好幾個月，我認為這樣不對。」

老公強忍著怒火說，而婆婆盯著我看。我說：「那我再多待一陣子吧！」老公立刻說：「媽，請幫傭來就行了啊！她身體狀況又不好，妳覺得這合理嗎？」婆婆因為公公癌症動手術，心裡甚是著急，並不想放我走，於是說了一句：「幫傭哪有她做得好？每一餐都熬新的粥，打掃也乾淨。」

婆婆脫口而出後，看了看我和老公，便沒有再繼續說下去了。那晚，老公把我抱在懷裡，愧歉不已。

「老婆，真的很對不起，妳別把媽的話放在心上，那只是她隨口說出來的話而已。」

星期日我們吃了午餐，整理行李離開天安後，去了一趟鳥致院娘家。爸爸一見到我就不高興地說：「怎麼沒顧一個月？這樣就受不了跑回家了？」老公聽到我被指責，替我說話：「岳父，結婚之後，自己的另一半要自己照顧，我媽會去請幫傭。岳母那麼照顧她的身體，讓她去照顧我爸真的不應該，我真的很抱歉。」而我則是對父母感到抱歉，因為我是個撐不了一個月的女兒。

女兒四歲的時候，小姑生孩子了。婆婆經常到小姑的月子中心，那天我去看寶寶的時候，婆婆見到我特別開心。

「媳婦，妳當時生完孩子後，怎麼有辦法照顧妳公公啊？我看產後調理的過程，實在不容易，身體恢復得也慢。妳剖腹生產應該更不好受，才生完沒幾個月就來照顧妳公公，一定累壞了吧？」

「媽，不是幾個月，我生完一個月就從鳥致院過去了。」我笑著說。

「是嗎？一個月？這樣啊。」

婆婆的眼裡滿是驚慌，抓著我的手說：「真的很謝謝妳，真的辛苦妳了，謝謝妳。」

那時我顧了公公一個星期就打包走人，婆婆對我一臉不悅地說：「辛苦妳了。」聽著那句埋怨多於感謝的「辛苦妳了」，我心裡不禁想：是我不孝。眼淚只能往肚子裡流的痛苦，和過去的事一同湧現。過了三年，直到小姑生了孩子之後，我才能聽到一句真心誠意的「謝謝妳」。真慶幸有小姑，幸好小姑有生孩子。

我去照顧病榻上的公公時，小姑尚未結婚，住在同一屋簷下，還是個上班族。然而在那段照顧公公的日子裡，我卻不記得有小姑的存在。明明有女兒，卻是由像女兒的媳婦在做事；明明可以請幫傭，卻認為幫傭沒有像女兒的媳婦一樣做得好。

那一天從天安南下時，老公說的話我至今記憶猶新。

「媽大概是看了女兒產後調理難受的樣子，想起了我。沒經歷過就不會懂，人生還真是累啊！老公，我很慶幸至少她現在有對我說聲辛苦了。」

老公把手按在方向盤上說：「我忘不了妳當時的臉色，真的蒼白得像死人，可是我媽卻完全沒感覺，這讓我相當生氣。我不明白她怎麼能那樣？怎麼可以這麼自私？看著才剛生完孩子三十天的媳婦，身體狀況那麼差卻視若無睹，直到現在，我想到那個時候還是一肚子火。」

我笑了笑：「因為是媳婦，所以才看不見。」

老公望著路面說：「謝謝妳，一想到那時候，我真的……，我永遠都站在妳這邊。」

「別擔心，總有一天我會讓你好好回報這份恩情，而且是加倍奉還。」

若是真能靠一句宣言就讓媳婦變成女兒，那該有多好？若是能用一句我愛你就讓愛一夕成真，那該有多好？若是用甜蜜動人的話，就能打造魔法般的世界，那該有多好？然而我們不都知道嗎？這世間既非魔法世界，也非童話。

我相信行動，而非言語，「當作多了個女兒」這句話老早就被我屏棄於人生之外。不論是丈夫、父母或子女，彼此間的愛與尊重，唯有付諸於行動時才有真正的意義，這是我親身經歷之後才明白的道理。愛、愛形成的關係，以及因愛而結合的家人，都需要長時間的行動、積累才能擁有，可是我們總太輕易地宣揚自己的愛，卻忘了該有的實際行動。

To my sweetheart

不論是丈夫、父母或子女，
彼此間的愛與尊重，
唯有付諸於行動的時候
才有真正的意義，
這是我親身經歷之後才明白的道理。

愛、愛形成的關係，
以及因愛而結合的家人，
都需要長時間的行動、
積累才能擁有，
可是我們總太輕易地宣揚自己的愛，
卻忘了該有的實際行動。

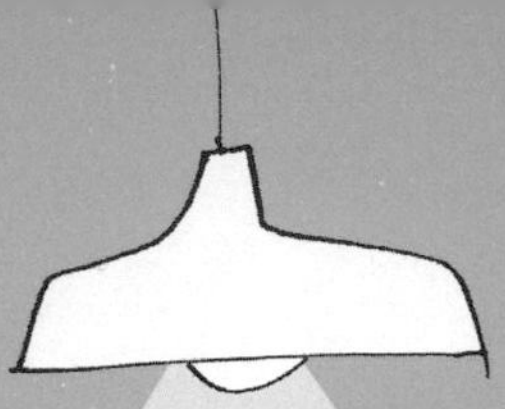

公公與婆婆的叮囑

我並非出身於這個家庭，需要有能夠面對這種狀況的抗體，而當時我並沒有這種抗體，自然是措手不及。

女兒兩歲，正是蹣跚學步、耍寶逗趣的時候。

某個週末我們到婆家慶祝公公大壽，時任住院醫師的老公也久違地抽了空，和我們一同前往。我放好行李，做了一桌美味佳餚，一家人便開始吃飯。愉快的星期六晚餐，副校長公公也叮囑起子女們。

他以「謝謝你們為我準備這一桌飯菜」當作開場白，接下來看著自己的兒子，也就是我的老公說：「即使不容易，也要成為你們領域最頂尖的醫師。」老公似聽非聽地點點頭，我在一旁幫女兒挑魚刺，女兒將手扶在擺滿食物的方形餐桌邊站著，一邊扭著屁股一邊吃飯。由於公公沒有動筷，在場開心享用食物的就只有女兒一個人，她嘴裡咀嚼著烤牛肉、什錦炒菜和黃花魚肉，屁股輕輕搖擺。公公叮囑完我老公後，接著輪到尚未結婚的小姑。

小姑畢業後，便立刻進了天安市市政府工作，年資已有七年多。公公囑咐：「如今這個時代，女性在社會上也有自己要扮演的角色，不要猶疑，要確實找到自己的立身之地，好好想想如何從約聘員工轉為正職員工。」在叮嚀婆婆「妳要注意身體健康」後，公公接著看著我說：「謝謝我們辛苦的媳婦，妳要好好照顧孩子，讓她健康成長。」

公公叮囑完後，大家才高高興興地吃飯。我們在蛋糕上點蠟燭，唱生日快樂歌，再看公公吹蠟燭，為公公簡單慶生。一家人聚在一起吃吃喝喝，聊了一會兒，也就入睡了。

凌晨我起床煮海帶湯。前一天晚上婆婆收拾餐桌後立即問：「明天早上吃什麼好？既然是生日，應該要喝海帶湯吧？」結婚三年多，我早已習慣婆家的生活模式。煮好海帶湯，吃完早餐後和婆婆帶著女兒去教堂，午餐煮了公公愛吃的刀削麵，在吃飯後削好蘋果當作點心。那時覺得公公年紀大，現在想一想其實不過也才六十出頭的他，又再次叮嚀子女們。

他先是看著我老公，嚴肅地說：「要成為一名能力出眾的醫師，你要具備的素質可不少，為此你必須時刻努力，不可虛度光陰。」並提起天安某間厲害的內科診所，說那裡的醫師待人親切，學識又淵博，所以來看診的人絡繹不絕云云，說教了十分鐘左右，小口小口吃著薄蘋果的女兒，幾乎都要把蘋果塞進滔滔不絕的爺爺嘴裡了。婆婆也順著公公的訓誡敲邊鼓，抓緊了機會教我老公應該要怎麼生活。靜靜坐在一旁的小姑身體轉了個方向，開始望向窗外。女兒耍寶的時候，我只能尷尬地不曉得該應和她，還是要她安靜一點。

叮囑完老公後，下一個又是小姑。公公告誡她：「近來女人去工作是大勢所趨，當今的世代還有誰會養妳？重要的是要成為一個自立自強的職場女性，如今這個社會，已經不是妳隨便找個工作，結了婚就能了事，要是真的這麼做可就不好了。人生沒有不勞而獲的事，仰賴他人過活，總有一天會吃大虧，所以妳必須打起精神，不可以得過且過，覺得做做約聘工作之後嫁人就好。」然後盯著小姑的臉確認：「知道了嗎？」婆婆在公公話語之間，也插嘴說：「是啊！是啊！要將妳爸的話謹記在心，這世上的男人奸詐得很，妳要多精進自己。」表達了自己對女兒的憂心。

我內心還正在想，是啊！教育水準高的人果然與眾不同，時代已經改變，不再是女人結婚之後，只能在家帶孩子的社會了。

公公卻看著我說：「我有話想叮囑我們乖巧的媳婦，我知道妳做什麼事都很認真，但女人如果為了工作而忽略重要的東西，又有何用？孩子還這麼小，而且才生一胎怎麼行呢？怎麼樣都要有兩個啊！又沒有賺多少錢，妳應該以家庭為優先，怎麼能把自己的事業心擺在前頭？我希望妳能多為家庭著想！」婆婆則在一旁點頭幫腔：「是啊！要以家庭為優先。」而老公只是低頭不語。

公婆說：「託妳的福，過了一個愉快的生日。你們路上小心，到了再打個電話。」我把他們的話拋在腦後，坐上了車。我一言不發，老公也在看我的臉色。我實在無話可說。雖然不是老公對我說了那些話，但我想他對於自己一句話都沒有反駁，應該也感到過意不去吧？從前到現在，老公一直是個善良的人，而且是個孝子，他不會輕易打斷父母親的話，即使想法不同也不會表現出來，拿他自己的話來說就是「聽過忘了就好」，因為如果和他們爭論，事情只會變得複雜，婆婆心裡也會跟著生病。這是個不錯的策略，現在我也認同，只是我並非出身於這個家庭，需要有能夠面對這種狀況的抗體，而當時我並沒有這種抗體，自然是措手不及。

回家路上，一路沉默不語開車的我向老公說：「老公，真的很神奇，才剛說完的話竟然瞬間翻盤，我都不知道什麼是真的、什麼才合乎邏輯了。」

「妳就當作是老太太在晴天怕大兒子的傘賣不好，雨天擔心二兒子的草鞋賣不好的那個故事吧！」老公有氣無力地說。

「什麼晴天賣傘，雨天賣鞋！那是因為手心手背都是肉，老太太才會左右為難，但是公公因為我是媳婦，就要我拋棄自我為家庭服務。你也很反常，講話邏輯很奇怪，你覺得你現在說的話是對的嗎？根本是見人說人話，見鬼說鬼話！」

我太過氣憤，說話的速度加快。

「不，應該是我瘋了吧！因為聽了太過奇怪的話，所以腦袋不正常了。我怎麼會這樣啊？我想我是真的瘋了，對吧？老公。」

老公用手打了打自己的嘴巴。

我們倆不知道笑了多久。老公無法承擔自己的父母在同一個場合說那樣的話，所以絞盡腦汁思考要跟我說些什麼，最後卻出醜。他將手放在我的肩膀上，語帶命令地說：「老婆，妳相信我吧？我不是那種人，妳儘管相信我，我說真的。」

「好，我相信你，雖然不曉得會不會哪天被自己最信任的人背叛，但我相信你。」我展開笑顏回他。

我相信的並不是老公的言語，而是他的行動，我相信的是我找第一份工作的時候，他開車接送我、和我一起等待結果、幫我一起製作履歷、找公司、面試的時候照顧女兒等等無數的實際行動。

公婆在同一個場合對我說的「女人如果為了工作而忽略重要的東西，又有何用？」以及對小姑說的「現在這個時代重要的是要成為一個自立自強的職場女性。」「人生沒有不勞而獲的事，仰賴他人過活，總有一天會吃大虧。」這些話的論點，其實都具有可以普遍適用，或是在限定狀況下才能適用的特性，然而那個時期，「婆家」的這個空間，總讓我感覺公婆無形之中，在對我劃下界線。

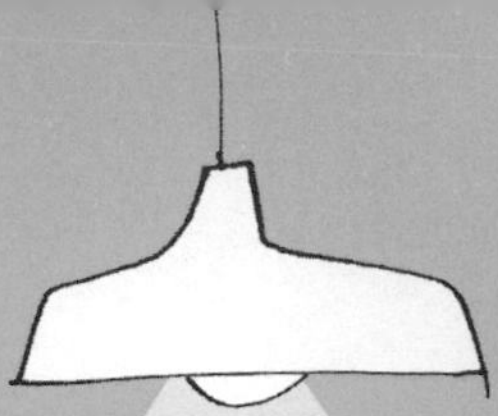

不管是生孩子還是工作，我想要的時候才是最適當的時候！

從以前到現在，一直在心裡認為我的最佳時機，由我自己決定，對長輩們的「好時機」理論，抱持著左耳進、右耳出的態度……。

二十二年前，我把女兒帶回身邊開始上班的時候，只要打電話向公婆問安，他們總會問起擔任實習醫師的老公有沒有常回家，我說：「他有時候晚上回來拿些衣服，凌晨就走了。」他們便說：「怎麼這麼辛苦啊！」接著話鋒一轉，「這樣什麼時候才能有第二胎，這麼下去會錯過適合生孩子的時機！」

隨著婆婆從教職榮退，電話也多了起來，她會先問女兒過得怎麼樣，又悄悄提起：「有了老二，老大才不會孤單。」「就算不是兒子，也應該要有第二胎，你們不生第二個嗎？什麼時候才要生？」我回答：「是啊！媽，當然要有第二胎，不過也得先見得到老公才行。」婆婆呵呵笑了笑，掛上電話。

雖然生孩子、養孩子都很辛苦，但是女兒獨自玩耍的樣子，也讓我心中有些在意。我的兩位姐姐全都生下一對兒女，雖然養育過程辛苦，我卻很羨慕。我爸爸表示：「不能讓人家家裡絕後，就算辛苦，妳也要盡到作人媳婦的義務。」在一旁聽著的媽媽說：「是啊！這最重要，姑且不論只有一胎好與不好，能生孩子的時間是有限。」

從小就不時聽到的生兒子論調，在結婚之後，居然從婆家和娘家同時聽到，我心裡氣歸氣，卻還是下定決心，不論是兒子還是女兒，我都一定要生第二胎，而那時，我也只是心裡做好準備。

公司接到很多生意。原本專門製作皮飾的公司，開始製作機車騎士服後，歐洲的客戶便像是走訪自家廚房似的，不時進出公司，打版作業、樣本製作量也隨之增加。業務量提升後，有二十年資歷的打版設計師搖頭拒絕，表明自己只要負責皮飾業務，要公司再另外聘請織品打版設計師，就此抽身。我當時負責的是難度較低的皮飾打版與放縮，主任詢問我是否願意接下織品的打版工作，我毫不猶豫地說我願意。那是我傾注於工作的時候。

同時管理打版組和負責日本客戶業務的主任，在樣品修改上無法和歐洲設計師順利溝通時，就會跑到電腦輔助設計室。歐洲設計師想要看樣板如何修改，而英文對我們雙方來說都是第二外語，所以也不用怕英文不夠好，我們把知道的單字都說出來，藉此討論樣板的修改細節。沒過多久，某天主任問我要不要試著和一間小規模的國外客戶洽談，我絲毫沒有猶豫地就說：「我願意。」（該家小公司即是現在荷蘭的騎士服品牌REV'IT，當時為後起之秀，現在已稱霸歐洲市場。公司的老闆和我年紀相仿，我還記得我們在中國把酒言歡到深夜，暢談人生。）

與客戶洽談、檢查服裝、推薦副料、建議樣板修改、確認單價和調整生產日程，這些對我來說，都是新鮮且值得學習的工作。客戶想要打造全新的風格，所以我和設計師進行豐富的意見交流，開發出了產品。我就這樣跨越打版設計，一腳踏進業務相關領域，那時正是我對工作企圖心旺盛的時候。

新的工作每天都充滿挑戰。首爾一家打版設計專門補習班（原為首爾裁剪師學院，現為種子打版設計學院）的主任聯絡我，他說我娘家鳥致院鄰近一所專科大學，在找電腦打版與放縮的講師，卻找不到有經歷又有學位的人，所以他推薦我。

當時我們上班到週六，我心想如果還要到大學授課恐怕難以負荷，然而學校系主任打電話給我，說他們購置了四十台電腦，設立了電腦輔助設計室，卻因為找不到可以授課的講師，課程只能全數泡湯，他說星期六上課也可以，懇求我和公司商量，希望我能接下週六的課程，我能感受到系主任焦急的心情。

那時我才剛把女兒接回家裡、和公司調整過上下班時間而已，所以不曉得該怎麼開口，然而最後我還是問了交給我一堆織物打版和業務工作的主任，我能不能週六去教課。主任瞠目結舌地看著我，什麼也說不出口。「主任！之前這裡的電腦輔助設計室，不也空了一年多都沒有人嗎？只要您願意給我機會，我絕對不會影響到工作。請您幫我跟社長說說好話。」主任回說：「這……這可不是件容易的事……又不是空出一小時，而是星期六整天都不上班，我不確定這可不可行。總之就試試看吧！試了再說。」

當時公司裡大學畢業的，就只有曾當過英文老師的理事、業務課課長，和貿易部的新進女職員。前職為英語教師的理事總會繞到公司一角，在這間玻璃圍起的電腦輔助設計室，享用我誠心為他泡的香甜即溶三合一咖啡和ACE營養餅乾，伴著繪圖儀的嘰嘰聲響，瀏覽無數輸出的樣板。

上午才和主任提起，下午理事就來喝咖啡了。理事喝著香甜的咖啡，輕聲地說：「教育別人是很棒的事，教授新的領域也相當有樂趣，別看我現在這樣，我以前教英文的時候也是很樂在其中！」理事平時巡視各個部門，用沉靜的聲音指示、檢查業務，唯有來電腦輔助設計室的時候，是為了休息而不是指導。而和理事討論最多事情的人，正是社長。

幾天後，社長召見我，進到社長辦公室的時候，財務部長翻開會計帳簿，正在詳細說明。社長說：「待會再來吧！這帳不太對。」精通數理的社長看著我，要我到會客室。社長請我喝茶，說：「聽說妳想去大學教書？星期六的時候？」

「是的。我娘家附近的專科大學在招聘電腦打版的講師，不過因為找不到有碩士學位和電腦輔助設計經歷的講師，四處打聽後才聯絡了我。如果您同意的話，我想去試看看。」

社長喝著綠茶，接著繼續說：「妳也真奇怪，妳老公不是醫生嗎？在家帶幾年小孩，就能過上好日子，何必自討苦吃？」

「我是我，他是他。工作自有工作的樂趣。」聽到我的回答，社長瞪大了雙眼看著我。

「我在這裡第一次見到機車騎士服，在學校也從來沒有學過。公司製作我從來沒看過、沒學過的衣服，並出口到全世界，真的讓我感到相當驚奇。有件事我很好奇，方便請教您嗎？」

社長滿臉笑容，點了點頭。

「您是怎麼創立製作這種特殊服飾的公司呢？客戶甚至遍布日本、歐洲和美國，這一點我很好奇。」

在我的提問之下，社長闡述了自己的回憶，和年輕時期的過往：「我家境貧寒，就進了皮革工廠當助理……。」

社長負責整理帳本和會計業務，存了錢之後，買下日薄西山的皮革工廠，他先在日本創立了製作騎士服的公司，後來克服了無數的難關和苦難，走到了今日。社長的雙眼炯炯有神，簡述了自己的人生一個多小時後，補充：「星期六想去教書，那就好好教吧！但不能影響到工作。」

我就這樣一面在服飾公司上班，一面到大學授課。這是我開始新工作，獲得機會、創造機會和把握機會的時候。

公婆聽到我要到大學教書，說：「怎麼能顧著教書，不為生第二胎做準備呢？」他們擔心我忙於工作，不生孩子，每次講電話或是和女兒一起回婆家的時候，都會對我叨念「懷孩子的最佳時期」和「適合生小孩的年紀」。

娘家的媽媽也說：「身體太累的話，怎麼懷得上孩子？孩子年紀差太多會不好帶，若不好教養，妳自己也累。」我爸爸則是說：「既然嫁人了，就該傳宗接代，這是妳的首要義務，和作人媳婦的道理。任何事都有它的時機，妳別錯失了。」兩家的長輩異口同聲說著「適合生孩子的時候」。

現在想想，當時父母們的話，也只是擔心兒女之言，然而那些話語裡，父權文化的暴力性是如此地鮮明。不管是「適合生孩子的時機」還是「適合工作的時機」，最適合的時間應該都是「我想做的時候」才對，長輩們卻如此替我著急。

有時見到現年三十歲的外甥，脫口說出：「你什麼時候才要結婚？這樣下去會錯過好時機。」的話時，自己也會嚇一大跳。文化真是可怕，無意識間的所見、所聞、所學，真的很可怕。

從以前到現在，我一直在心裡認為我的最佳時機，由我自己決定，對長輩們的「好時機」理論，抱持著左耳進、右耳出的態度，殊不知我現在也把這種話掛在嘴邊。一想到未來某個時候，我可能也會對兒子和女兒說什麼時候應該工作、什麼時候適合生孩子，我再次意識到應該要謹慎思考、小心說話，並注意自己不要受過去影響。

女兒：

不論什麼事，妳想做的時候，就是最好的時機，我希望妳能順利找到妳的最佳時機。

我那個世代推崇女性要專注家庭的義務、母親要有所犧牲，以愛之名讓我在經歷辛苦的職場生活、艱辛的育兒過程，以及生小孩與傳宗接代的催促時，必須一邊承受著可能得放棄自己的需求、自己想要的工作而感受到精神痛苦，一邊又帶著我是個沒有犧牲精神的母親、是個不盡責媳婦的罪惡感，任由這種情緒在心中滋長。

回頭看著自己一路走來的軌跡，我才領悟到，不管結不結婚、生不生小孩、要拼命工作還是將工作當作興趣一樣輕鬆看待，自己想要的時候，才是最適合的時機。

由於新冠肺炎病毒肆虐而頒布的社交距離政策，讓女兒原本訂於五月初舉行的婚禮延期了，女兒和準女婿前來討論日程的時候，我和我老公提議九月，而他們希望能夠越快舉行越好。我知道不論他們什麼時候結婚，我要做的就只有在那個時候獻上我的祝福而已，我只願可以在女兒想要的時刻，為她舉行幸福的婚禮彌撒。

To my sweetheart

有時見到現年三十歲的外甥，
脫口說出：「你什麼時候才要結婚？
這樣下去會錯過好時機。」，
自己也會嚇一大跳。

文化真是可怕，
無意識間的所見、所聞、所學，
真的很可怕。
我再次意識到我必須謹慎思考、
小心說話，
並注意自己不要受過去影響。

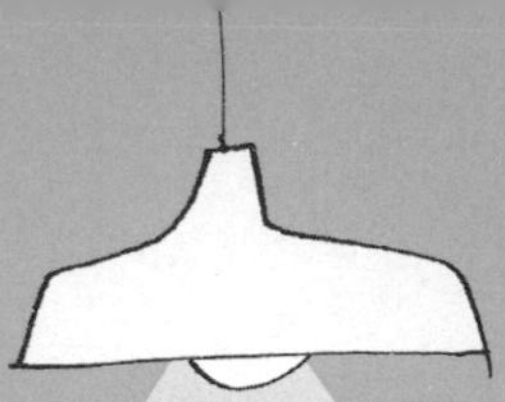

親家母，她花錢太揮霍了，我很擔心

他們為了自己的方便，將我的存在時而往內拉，時而往外推，一下緊緊相依，一下又撇除在外，強調經濟共同體的時候將我視為一體，需要人手做事的時候卻又拉開適當的距離。

二〇一〇年一月，我計畫了家族旅遊，挑了中國張家界的旅遊行程，問我爸：「你想去嗎？」他一秒鐘都沒猶豫立刻說好，掛掉電話後，我又聯絡婆婆，婆婆回答：「日本還可以考慮，中國的話就算了。」

我的父母親很喜歡旅行，孩子們邀他們出去玩，他們從來不會拒絕，無論是國內還是國外，著名景點還是名不見經傳的地方，只要子女邀他們同行，他們就會立刻踏上旅程，對各種食物來者不拒。

爸爸當軍人的時候，在春川附近有了大女兒，在金海附近懷上了二女兒，在江原道橫城附近則生下了三女兒——也就是我。他們從年輕的時候，無論是否出於自願，都過著四海為家的生活。

也許是因為如此，娘家的爸媽很喜歡旅行，總是等著和子女們一起共度時光。他們在原本種蘋果的地上蓋了房子，在屋旁的菜園種植青菜，等著孩子們到來，等過一個個週末、等過一個個季節。春天採摘向陽山坡生長的艾草，精心製作艾草糕等著孩子，夏天則製作漂著冰塊的沁涼黃豆汁，等著和我們一起享用豆汁麵，到了夏末，不忘炊一鍋帶著淡淡鹹味的糯玉米，秋天時裝好一箱箱的柿子和地瓜，只等孩子到來。

這樣的父母又怎麼會拒絕中國張家界呢？我爸媽在女兒們輪流策劃旅行時，往往會遵循自己「不讓嫁出去的女兒負擔任何費用」的鐵則，支付所有費用，爸爸總是在出發之前，就看好行程表上的價格，把費用匯到我們的帳戶裡。父母親在經濟上有餘裕，對子女來說是一種福氣。爸媽參觀張家界和袁家界，讚嘆著：「原來以前的東洋畫，畫的都是真的！來這一趟實在太值回票價了。」我聽了突然對公婆有些歉疚，那歉疚像是釣鉤一般，懸在我心頭。

那年夏天，我參考婆婆的意見，規劃了日本旅行。我選擇的行程是參觀被稱為日本阿爾卑斯山的立山與傳統村莊（立山黑部阿爾卑斯山脈路線——黑部峽谷——白川鄉合掌村——水明館溫泉旅館——白馬東急飯店），心想婆婆應該也會喜歡。由於這一趟是帶公婆旅行的孝親旅，我考慮了幾天後，最終選擇了昂貴的旅遊行程。

我告訴媽媽我們預計要帶公婆去日本時，她充滿羨慕的感覺說：「我都沒去過日本……他們一定會很高興。你們要去幾天？」我回答：「五天四夜，妳想去嗎？這次不是自助旅行，是套裝行程，要不要一起？」聽我這麼一問，媽媽的聲音立刻開朗起來，「妳爸一直想去趟日本，我們也一起去。」我告訴她：「媽，這個行程比較貴一點，住的飯店好，沒有帶遊客去購物的行程，而且餐點也高級。」她回應：「反正錢這種東西生不帶來死不帶去，妳不用擔心。」聽她這麼說，我心裡莫名感到愧疚。

我向老公提議帶公婆一起去日本旅行時，他嘴角上揚，立刻起身打開電腦確認存款餘額，並問我一個人的費用需要多少，我告訴他這是孝親旅行，再加上考慮到婆婆性格挑剔，所以我選了昂貴的旅遊行程，他雖然覺得太貴，卻也說：「既然妳做了決定，那我相信這樣做會是最好的。」公婆加上我們一家四口的旅費並不是個小數目，不過金額哪裡重要呢？他們犧牲歲月為我們家付出，而且大家一起欣賞美好事物所感受到的幸福，是難以用金錢換算衡量的。

這趟旅行共有八人同行，旅程中公公和爸爸、婆婆和媽媽在遊覽車上聊著東南西北。除了我們一家八口之外，同團的還有四對五十幾歲夫妻，整團十六個人相處融洽。

我們穿上旅館準備的浴衣，享用傳統日式料理，早晚都在泡湯。和老公結伴旅遊的那些阿姨們分不清我是誰的女兒，直到旅程快結束才終於搞清楚誰是我媽媽、誰是我婆婆。旅程很有趣，也相當開心。經歷過日治時期的爸爸和公公細細留意日本文化、日本飲食和日本建築物，用餐時配著幾口黃湯，聊著過去的歷史傷痛與辛苦的職場生活。媽媽和婆婆則是盡情聊著過去養育孩子時的甘苦談。

五天四夜的旅程接近尾聲時，婆婆靠過來對我說：「真是不錯，託妳的福，參觀了個好地方。」

「媽，您喜歡，我也覺得高興。我也是第一次來這裡，這裡真的很不錯，山又美、飯店又好，飲食也不錯。」

話音剛落，婆婆便小聲地問我：「不過旅費應該要不少錢吧？」

「是啊，不過，媽，我們夫妻倆都有賺錢，您不用擔心。」

婆婆又更小聲地問：「那妳爸媽那邊是怎麼處理？」

喔，原來她是想知道這個，我微笑回答：「媽，我父親已經匯錢給我了，一如既往。」

婆婆這才展開笑顏：「原來如此，這是應該的呀！不然你們哪有什麼錢能支付呢？」

語畢再度回到我母親身邊和她聊天。

旅行結束，大家都各自回到家中。兩週後我回娘家參加家族聚會，媽媽一臉擔心地把我叫過去。

「妳婆婆很擔心，說妳花錢很揮霍。」

我問：「媽，那是什麼意思？」

我母親吞吞吐吐地說：「哎唷，妳婆婆在旅行途中跟我說『親家母，她花錢太揮霍了，我很擔心』，所以我想說，她是不是以為我們的旅費也是妳出，我是怕有什麼誤會。」我臉上一熱，怒火中燒。

「媽，妳不用擔心，這到底在說什麼啊？什麼揮霍！我已經告訴過她，你們的旅費都匯給我了，我揮霍什麼！你們的費用本來也應該我出才對！為此我心裡一直很過意不去！」

媽媽是在向我確認，公婆是否以為爸媽的旅費都是我負擔，我想起婆婆小心翼翼問我的那些話，心裡很是受傷。

我對著老公發火，即使這些話不是他說的，我還是感到憤怒，對娘家爸媽也感到抱歉。

結婚後發生這種事的時候，我總會想起集合圖形，兩個圓交疊、分開，或是其中一個圓被包含於另一個圓之中。公婆與他們的子女、孫子、孫女，還有我在一起時，時常在言語中將我排除在圓的外頭，然而在娘家爸媽面前時，卻又會把我納進他們的圓裡。他們為了自己的方便，將我的存在時而往內拉，時而往外推，一下緊緊相依，一下又撇除在外，強調經濟共同體的時候將我視為一體，需要人手做事的時候卻又拉開適當的距離。

旅行回來後，我們花了一段時間才補上存款，即便如此，我仍然不後悔那一趟旅程。

隔年，二〇一一年夏季，我再一次帶著公婆去土耳其進行了十天九夜的旅行，規劃行程的時候，我對老公說：「本來這一次我想用自己的錢招待我爸媽，可是他們已經和二姐去過了。二姐那麼勤勞，算是你賺到了。既然我都被說花錢揮霍了，那我乾脆再更揮霍一點。不過長輩們還是喜歡和我們一起去旅行，不曉得這次之後，會不會再繼續說我亂花錢。」

老公大笑說：「妳哪裡亂花錢了？因為帶父母出去玩而被貼這種標籤的大概也只有妳了。對不起，我會好好善待妳的。」

二〇一四年一月時，我計畫了柬埔寨之旅。公公已經去過，所以只有婆婆要參加。我撥了電話給娘家爸媽，媽媽接了電話後，支支吾吾地把話吞了進去，過了一會兒，話筒那端傳來了聲音。

「老公，老三說要去柬埔寨，你要去嗎？」

父親回答：「叫她帶公婆去就好，我等她們去美國時再去美國觀光。」

媽媽說：「你爸說他這次不去，要等妳去美國後再去美國玩。」語氣充滿可惜。

「媽，美國是美國，柬埔寨的吳哥窟真的很值得一看，就一起去嘛！好不好？」

「妳帶婆婆去吧！我們下次再去。」掛上電話後，我心裡非常難過，父親會這樣全是因為將婆婆那句毫無意義的話放在心上。

更難過的是，我到美國進修三個月後，我父親就被宣告得了肺癌，與病魔纏鬥一段時間後，於二〇一五年二月去世，連來美國參觀的機會都沒有，就離開了我們。

「妳爸為了去美國，在旅費帳戶存了幾千萬元，說要去美國闊綽地花，我跟他要錢買東西，他都裝傻。」

直到最近，媽媽說起那時候的事仍會止不住眼淚。

「妳爸說三女兒在美國，一定要去看一看，參觀參觀廣闊的美國，結果卻這樣走了。」

我無法揣摩父親將微薄的房租和存款利息一點一滴存下來，想要到美國大肆揮霍的心情，也無法想像他居然因為不想聽到那句不中聽的「她太揮霍了，真糟糕」的話，而那樣子攢下錢，只為了去美國時不用聽人說閒話。

這些都是過去的事、過去的話，不管怎麼說，帶著兩家父母去日本旅行的時光很幸福，也是一段相當開心的回憶，爸媽、公婆和我們一家人一起欣賞萬年雪、一起泡露天溫泉，還有在白川鄉合掌村炎熱的正午時分，大夥兒拿著公公買的冰淇淋邊吃邊滴的回憶，一幕幕都彷彿照片般刻印在我心中。

那趟日本行，以萬年雪為背景拍攝的全家福訴說著一切，父母們很幸福，他們心愛的子女——我和我老公，既年輕又討人喜歡，而我們夫妻倆的一雙兒女也相當可愛。全家人一起站在萬年雪前，心中祈願著家裡所有成員的幸福，都能如萬年雪般長長久久。

在照片裡，我們不是誰的兒子、不是誰的女兒，而是因為愛而緊密連結的幸福一家人，不論是否有閒話、是否有嫌隙，能夠帶父母去旅行本身就是一件美好的事，因為我知道我們的時間不會重來，我清楚父母正在衰老、孩子正在成長，因此光是能夠一起共度那段時光，便已彌足珍貴。

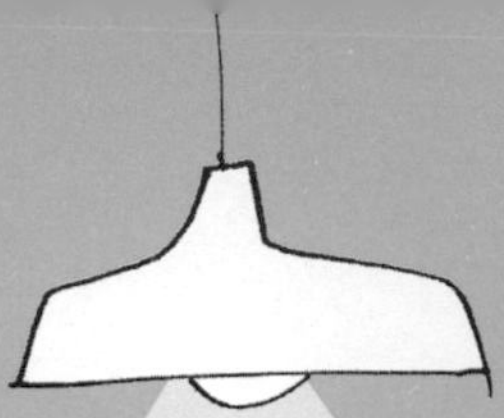

聽不懂人話的固執媳婦

為什麼這麼簡單的話，我說不出口？而且即便真的開了口，婆婆也不會說「不行，這些都必須妳來做」來刁難我，為什麼我就是無法說出這種話，任自己在內心煎熬？

二〇〇一年秋天，我參加了博士班招生考試，三十五歲的年紀並不年輕，腦袋已經不怎麼靈光。我以兼職講師的收入，支付電腦輔助設計個人家教班的辦公室租金，再用家教費支付兒子的保母費。

聽到我要修讀博士學位，婆婆嘆息：「妳就當講師和電腦輔助設計的家教賺點錢，照顧孩子就好了，還讀什麼博士？現在博士滿街跑，到處都是流浪教師，妳自己辛苦，孩子、老公也得跟著妳吃苦。」

博士課程開始後，婆婆一週會來我們家兩到三天幫忙照顧孩子。老公值班，晚上孩子沒人照顧時，她總會不遠千里，背著行李從天安來到大田。

在任職國小教師期間，艱辛取得碩士學位的公公不甚贊同：「現在大學滿是流浪教師，妳那麼辛苦讀博士做什麼？」公婆的擔憂不無道理，當時大學培養出了無數的博士，通識和專業課程也以幾何級數增長，講師多得是，想當上教授卻猶如駱駝穿針眼，因此在博士班學生之間，流傳著大學教授職位是上天恩賜的說法，也有捐了幾億元進學校等等無法證實的傳聞，公婆對我攻讀博士學位，自然是不看好。

老公試圖說服公婆，對未來的可能性進行投資，會比在一般職場工作來得好，公婆卻相當不樂意，他們認為放假的時候沒有薪水，有沒有課教還要看指導教授願不願意提供機會，為了無法確定可以得到回報的事，如此勞神傷財，只是苦了孩子。每當孩子感冒或是冰箱裡的小菜不夠時，婆婆總會喃喃碎念：「費這麼大的勁，就為了當流浪教師，真是！妳自己累，孩子也辛苦！」

如果說職場生活是一場百米賽跑，那麼博士學位學程就是一場在汗蒸幕中舉行的一百公尺賽跑。

早上七點到語言學校上英文課，八點到實驗室簡單化個妝後，便開始實驗室的生活，傍晚五點開車回到十分鐘路程的家裡準備晚餐，等孩子和婆婆吃完飯後，大概八點左右又回到實驗室整理研究筆記、寫論文、準備學會發表、準備實驗和備課等等，直到凌晨一點才結束，連我自己都不曉得是怎麼度過那一段時間。

婆婆看著凌晨出門上英文課的我說：「唉，這麼累怎麼是好？」一面卻又對我說：「醬燉黑豆、炒鯷魚，還有孩子們喜歡吃的辣炒魷魚都沒了。」孩子們不吃幫傭阿姨做的小菜，準備飯菜的責任總是落在我肩頭，所以我還得隨著季節更迭醃製泡菜或製作涼拌小菜。

二〇〇六年二月博士論文送印之後，我待在家裡，婆婆問我：「接下來妳有什麼打算？大學會有教職嗎？那麼辛苦讀書，但現在滿街都是博士和流浪教師。」

「媽，我打算到研究院修博士後課程。」

婆婆聽了我的回答後，驚訝得瞪大眼睛問：

「那是什麼？不是讀完博士就結束了？還有博士後課程？」

「是的，那是種會支付你薪水，讓你做研究的課程。」

婆婆好奇地問：「服裝科系的博士也能進研究院？」

「是啊，我大概是韓國電子通訊研究院（ETRI）第一個，裡面有團隊要收我，所以應該很快就會去了。」

那時婆婆對於原本製作服飾的媳婦要進著名的研究院工作，由衷感到神奇。我拿到博士學位後，休息了一個月，就開始進入博士後課程。韓國電子通訊研究院是第一次納聘服裝科系背景的博士後研究員，可惜的是，我只研究了一段短暫的時間（六個月後我便轉戰大學教職）。

我進到韓國電子通訊研究院的U化健康照護（U-Healthcare）團隊，製作心電圖檢測服，那時我穿上自己製作的心電圖檢測服做測試，測出了相當清楚的心律不整數據，整個團隊都因為獲得寶貴的資料而雀躍不已。處於開發階段的服裝接觸型心電圖感應器，對我發出「快點回家休息」的警訊，團隊成員卻因證明了U化健康照護服裝的必要性，找到其必須存在的立基點，而愉快地聚了餐。博士學程的壓力、博士後課程不輕鬆的生活日常，讓我的心臟吶喊著要我休息，著實是個悲傷的回憶。

去年五月初，公婆來我們群山家裡拜訪，我與年過八十的婆婆牽著手，坐在春紅轉為夏綠的庭院裡，聊了好一會兒花。突然之間，我內心深處那些過去公婆說過的話語，倏地探出頭來，我不禁想，我們現在如此自在地談笑，聊著季節、聊著家人的幸福與日常，為什麼當初公婆會用那些自己也不記得的話帶給我傷害？我自己要面臨的挑戰就已讓我疲憊不堪，他們無心的話語，又將我逼進更加難以置信的艱鉅挑戰之中，他們是否曾想過，那些隨口說出的話，引發了我內心深處無法言喻的巨大悲傷、恐懼與焦慮？

寫著寫著，悲傷湧上心頭。為什麼我對公婆說的話，永遠只會勉強擠出笑容，從來不曾好好回應呢？我為什麼會那樣子？

寫下這篇文章後，我思考了幾個星期。細細摸索回憶，我發現婆婆其實是在擔心我！擔心我睡眠時間太少、工作太多，總是在忙碌奔波。透過這篇文章我才終於看見她對我的擔憂，對眼裡只有媽媽、而且想念媽媽的兩個孩子擔憂。她的話語中始終藏有對我的憂心，對孩子、兒子的擔心只是附加在後，可是我卻用橡皮擦擦去、用剪刀剪去她對我的憂心，只聽到她擔心小孩子們、擔心丈夫，認為那些話是不必要的嘮叨、是對「像女兒的媳婦」的責怪。

在書寫的過程中，我領悟到我其實是一個膽小鬼。我不僅是個膽小鬼，還是個聽不懂人話的固執媳婦，我究竟在害怕什麼，以至於不敢說出自己的想法？是什麼樣的想法、什麼樣的心態，讓我像上了鎖似的閉上我的嘴、關上我的心？

「媽，我好累，小菜我想直接跟店家買就好。」

「蘿蔔葉泡菜我直接去店裡買。」

「我很累，星期六想睡晚一點。」

「媽，我太累了，今天晚餐出去吃吧！我請您吃好吃的。」

明明可以這麼應對，為什麼這麼簡單的話，我說不出口？而且即便真的開了口，婆婆也不會說「不行，這些都必須妳來做」來刁難我，為什麼我就是無法說出這種話，任自己在內心煎熬？

當時社會並未將孩子的照護問題，視為一種社會責任，公婆退休後正是想愜意休息、度過餘生的時候，卻必須擔起照顧孫子的重責大任，才會將疲憊的心情一股腦宣泄出來。基於相同的原因，那時候的我也無法將孩子交給別人，只能託付給他們，既無法怪罪，也無法埋怨任何人。當時的育兒、托育設施不如道路網或基地台，也不像理所當然存在的水道、電力設施那樣，自然地遍布在社會各個角落，所有的孩子、父母和祖父母都得戰戰兢兢地生活。而這個問題，至今仍未解。

誰的人生沒有痛苦、悲傷與艱難？又有誰的人生只有幸福和圓滿？正是因為痛苦與悲傷，幸福才得以耀眼發光，也正是因為有幸福，我們才得以承受磨難。儘管如此，還是希望我那溫順善良、談到耐心無人能出其右的好女兒，能夠過得幸福又自在，也願她不必承受那些內心的煎熬、最好別往心裡去的話。不過更重要的是，我希望她這一生，都可以毫無畏懼地說出自己想說的話，即便輕聲說出自己的想法，也不會引來他人誤解。希望她別像媽媽一樣，當一個緘口不言又固執的膽小鬼。

上了年紀，我才瞭解到，真正的家人是可能會對對方說出不中聽的話，也可能會從對方口中聽到不中聽的話。我只想勸我親愛的女兒，不要學媽媽這個固執的膽小鬼。

To my sweetheart

希望我的好女兒，
能夠過得幸福又自在，
也願她不必承受那些內心的煎熬、
最好別往心裡去的話。
不過更重要的是，
我希望她可以毫無畏懼地說出
自己想說的話，
即便輕聲說出自己的想法，
也不會引來他人誤解。

別像媽媽一樣，
當一個緘口不言又固執的膽小鬼。

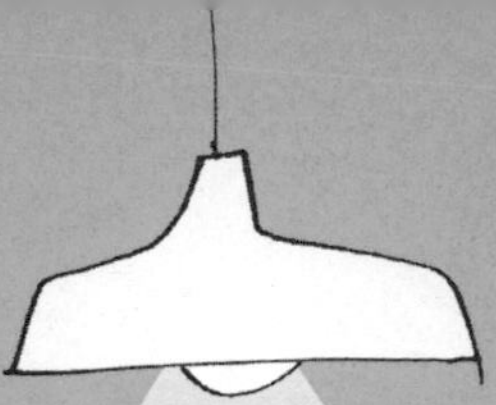

忠於文化的婆婆

兒子說得沒錯，無論是婆婆還是我的奶奶，都只是反映了她們生活的時代，按照她們自己學到、適應的樣子說話和行動罷了，然而被害者的困惑並不會因此減少，她們的行為也不能被合理化。

那是二〇一八年，兒子高一時發生的事。正值求職階段的女兒，有一次帶著自己的外婆來到群山。我母親不會自己搭乘高鐵，於是我女兒滿面笑容地牽著她的手，來到我們群山的家待了三天兩夜。

星期六下午我去益山接週末外宿的兒子回家，對他說：「姐姐和外婆一起來過家裡了。」

「是喔？」兒子點了點頭。

「星期二的時候，姐姐和外婆一起搭火車到益山站，那天我沒課，所以我去載她們回來，星期三到仙遊島走走，星期四你姐姐又陪外婆回他們家，姐姐很乖吧？」

「是啊。」兒子輕聲回答。

我趁勢問兒子：「以後你上了大學，會去帶天安的奶奶來家裡嗎？」

「我嗎？」兒子的回答像是從來沒想過這件事。

「呃……？奶奶以前這麼辛苦照顧你耶。」

「也許吧……。」兒子的語氣裡沒有把握。

「奶奶在你小時候，為了你吃了不少苦。」

我反問，而兒子始終保持沉默，我繼續說：「你知道嗎？奶奶照顧你的時候，姐姐很不好受。」

「為什麼？」

兒子若無其事地問：「因為奶奶只疼你，姐姐都被欺負。」

兒子再度沉默。

「好吃的、好玩的都是你的，姐姐的順位永遠排在你後面，如果你哭了，就都是姐姐的錯，不記得了嗎？」

「不記得……。」

兒子簡短地回覆自己什麼都不記得，不曉得是沒有記憶，還是不願意去面對。

「奶奶把孫子掛在嘴邊，姐姐心裡會是什麼感受呢？你也知道，這就是重男輕女的思想！我非常難過，因為我也是被我奶奶這麼欺負的！」

「有這種事？」

兒子的反應像是聽見什麼新鮮事似的，讓我有些生氣。

「兒子！奶奶把你捧在手心，這麼愛你，你居然不想陪奶奶去旅行！」

然而他沒有回答，而是選擇默默不語。和兒子對話的過程中，我不由得越來越生氣，想起折磨我的奶奶，還有婆婆照顧我一雙兒女時，獨獨偏愛孫子又欺負孫女的行徑，我的音量抬高，握著方向盤的雙手也更加用力。

「生男生有什麼用！這麼疼愛的金孫卻一點回饋的心也沒有。我被我奶奶欺負，所以下定決心不要這樣養育自己的孩子，但是你奶奶卻那樣對待你姐姐，你知道我有多麼反感嗎？更何況你奶奶還是受過教育的人，是一位國小老師！」

在五月的公路上，我不自覺地將自己的不滿宣洩而出，兒子沉默了一會兒，突然問：「她是老師，所以呢？」

「既然是受過教育的人，就該拋下這種社會偏見不是嗎？你奶奶讀到高中畢業，在那個時代能接受這種程度的教育並不是件易事。」

「學識和生活能相提並論嗎？」兒子犀利地點出我沒想過的層面。

「受過教育的人要有社會責任！應該要打破偏見與無知。小學教育最基本的就是平等教育，你奶奶身為一名老師，又怎麼可以對男生、女生有差別待遇？」我如此說。

兒子用溫柔的聲音回答：「媽媽，奶奶其實只是忠於那個時代的文化而已。」

我對兒子說的話感到詫異，一時之間不知該如何回應。兒子用溫柔嗓音說奶奶只是忠於那時代文化的樣子，和溫順年幼的女兒哭著對我說，奶奶太過分的樣子重疊在一起，我想起女兒大學時，陪奶奶去柬埔寨旅行回來後對我說的話。

「媽，真的好累，奶奶一有不滿就對我發脾氣，真不知道為什麼她老是對我發火？」

我內心一沉，只能握著女兒的手，不斷對她說：「對不起」。

「忠於文化？」我再次問，兒子回答：「對啊，奶奶的所作所為只是反映了那個時代的精神文化，而現在的妳，則是用妳這個年代的精神在生活。」

兒子用盡可能溫柔的聲音說著，彷彿是要讓我鎮定下來。

回到家後，晚上我和老公說：「老公，你兒子說你母親是忠於那個時代的文化，重男輕女的文化。」

老公聽我這麼說，認為兒子很懂事。

「哼！那小子畢竟還是奶奶帶大，居然說這種話。」我再次說，反覆咀嚼「忠於文化」這一個形容詞。

「我說啊，女兒聽到這句話一定會氣得跳腳。」

兒子說得沒錯，無論是婆婆還是我的奶奶，都只是反映了她們生活的時代，按照她們自己學到、適應的樣子說話和行動罷了，然而被害者的困惑並不會因此減少，她們的行為也不能被合理化，我能夠做的，就只有理解她們的行為並非出自於個人選擇，以及認知到她們也是文化的受害者，畢竟她們之所以習慣戴著有色眼鏡看待世界，並不全然是個人的責任。

兒子如此平心靜氣說出，奶奶的行為模式和態度其來有自時，我一方面覺得他可惡（因為他是男生，而且是被捧在手心的金孫），另一方面卻也感到欣慰。我很感謝他開拓了我的視野。我的童年和我女兒的童年，深受重男輕女思想影響的奶奶們苛待，所以我在評斷她們的時候，也下意識地認為這是個別事件與個人行為。然而兒子所拋出的問題是，既然奶奶是文化的受害者，而且也身為受害者，她又處在繼續製造其他更多受害者的結構之中，那麼去責怪身為教育者的奶奶，又能解決什麼問題？

姑且不論以後，兒子會不會牽著奶奶的手搭火車或開車旅行，但至少兒子能夠理解奶奶之所以會有那些令人遺憾的思想和舉止，是因為她的判斷與行動受制於那個時代的價值觀，關於這一點，我由衷感謝。那天晚上我想了很多，女兒嘩啦嘩啦掉淚的樣子，和婆婆抱著我兒子疼愛的樣子重疊，於此同時，我的心裡也不免為我的奶奶和婆婆感到難過。

如同兒子所言，我的奶奶、我的母親和我老公的母親都是忠於文化的人，總是將男性視為生活的中心，然而此種文化之下的受益者，或許也很容易忽視文化帶有的暴力性。在與年輕兒子對話的過程當中，我意識到只有在時代價值觀中，受到壓迫的人、不被接納的人和弱勢的人，才會意圖打破並改變那樣的文化。

改變文化，並不是高聲談論文化的對錯就可以做到，至少對於我而言是如此，我何曾敢當面告訴公婆，男女皆平等，不應該如此對待孫子和孫女呢？在無數細小行為和得以掌握既得利益的情況之中，父母們無止盡地限制、侵害、操控身為女性女兒的權利，最後讓這些權利落入了兒子們的手中。如此想來，人生並非思想，而是生活，日日累積而成的生活，是無數女兒們的一天天，以及她們的退讓和善意積累下來，形成了祖先們以男性為中心的文化。若是過去的女性未曾退讓，現在的文化必定也會有所不同。

把每一天都活成了屬於自己的樣子，並不如想像中容易，但是我們不能忘記，每次想著「這也沒什麼，那就我來吧！」的退讓，也會不計其數的積沙成塔，才給予了男性主導權。

To my sweetheart

人生並非思想，而是生活，
日日累積而成的生活。

是無數女兒們的一天天，
以及她們的退讓和善意積累下來，
形成了祖先們
以男性為中心的文化。

若是過去的女性未曾退讓，
現在的文化必定也會有所不同。

Chapter 3

我靠母親的犧牲長大

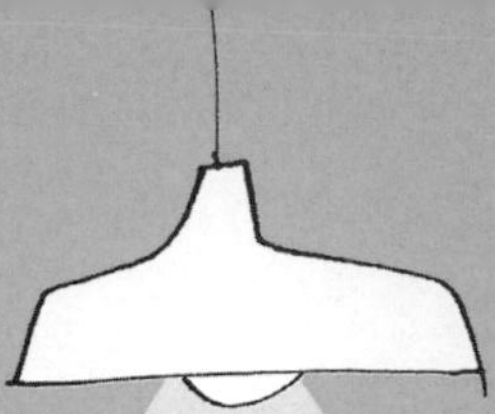

媽媽，妳以前的夢想是什麼？

端詳母親的人生時，我害怕自己會活得像她一樣，而下意識選擇迴避她。我很喜歡媽媽優雅的手，也喜歡自己那雙像媽媽的手，卻仍會因為害怕過上像她一樣的人生，而轉身背對她。

不曉得是否因為父親為農田整治的工地主任，必須走訪全國各地，所以我母親和我爺爺、奶奶、伯父、伯母一起生活，養育我們兄弟姊妹。

爺爺家、伯父家和我們家同住在一個大院子裡，和一般的大家庭一樣，家裡總是喧囂嘈雜，也許是因為如此，我沒有辦法想像只有我們一家人簡單過生活的模樣。祖父、祖母、伯父、伯母、伯父家的堂哥、堂姐，以及我們家的兄弟姐妹，總是像魚群般成群結隊地玩耍打鬧，家裡無時無刻都鬧哄哄的。然而在這之中，卻鮮少聽見我母親的聲音。

母親總是忙碌，煮飯洗衣、換蜂窩煤、打掃清潔、保養爺爺、奶奶的韓服……，剩下的時間，她還會做家庭代工，這份家庭代工是從我上國民學校之前開始，工作內容是將針織布縫成嬰兒開襟衫。母親頭頂著一大包家庭代工的材料袋回家，一打開袋子，針織布就宛如發酵膨漲的麵包，占據了主臥房的每個角落。

哥哥用腳踢著堆積在臥室角落的家庭代工材料，對不停做著針線活的母親抱怨，她為何要做這個工作，弟弟則盯著這些材料，在遠處走來晃去。一個月回一次家的父親，往往會責罵母親：「家裡這是什麼鬼樣子！又不是掙什麼大錢，何必把家裡弄得這麼亂？」然而媽媽也不回嘴，只是笑瞇瞇地將針織布集合起來，搬到叔叔房裡放。

母親一有時間就會做針線活，在我記憶中，她應該做了好幾年。我不曉得做好一件漂亮的開襟衫能換取多少錢，也不曉得那些錢能補貼多少生活開銷，只是見她不停歇地做著針線活。

母親背靠在臥室牆上縫衣服的身影，如同照片一般烙印在我記憶中，她優雅的手勢和粉色、黃色等柔和色調的開襟衫材料，彷若晚秋午後的陽光，營造了臥室溫馨平靜的氛圍。媽媽的手一經過，針織布縫線便不留痕跡地結合在一起，像是原本就是完整的一片。測量一下兩邊前襟的接合處，各勾上兩針，端莊的前擺便完成了，不管看過幾次，還是覺得神奇又驚訝。

我坐在一旁盯著媽媽看，她對我說：「要縫縫看釦子嗎？」接著教我縫釦子的方法。我很喜歡和媽媽一起做針線活的時間，因為我的手像媽媽，也因為我可以幫助媽媽。我也喜歡媽媽用明亮的聲音問：「妳的手和我的手很像呢，好玩嗎？」還有縫了半天後，她溫柔地看著我，輕聲說：「好累，別縫了，這樣夠了。」的聲音。我很喜歡自己和母親相像的手。

也許是因為父親的責罵，母親不再做家庭代工，而是在春夏用鉤針、秋冬用棒針為我們五個兄弟姐妹織衣。傍晚易睏的母親，天一黑就靠著臥房的牆壁邊打瞌睡邊打毛線。凌晨起床，禱告後再繼續織衣服。幾年前織的毛衣要是太小件了，她就會拆開衣服的毛線，利用裝著熱開水的黃銅色大水壺，將像泡麵麵條一樣捲曲的毛線燙平，再無聲地將毛線收成球，重新織一件衣服。

剛進國民學校時，老師要我們寫下自己的夢想，我問：「媽，妳以前想要當什麼？妳的夢想是什麼？」一面對我的問題，媽媽淺淺微笑：「夢想？就是遇到像你們爸爸一樣的人，幸福地生活。」她輕輕閉上眼，像是在回想兒時曾說過的話：「以後長大了，嫁一個好老公，生下可愛的孩子，好好地過生活，這就是最棒的了。」我反問：「這就是妳的夢想？沒有其他夢想了嗎？」媽媽回答：「哪還有什麼其他夢想。我又沒有一技之長！原本和妳外婆靜靜過日子，後來就和妳爸爸結婚了。生下你們，看著你們成長就是我的幸福，哪裡需要其他夢想！」

母親口中描述著實現夢想的人生，但在我眼裡，她的人生卻過得狹窄而疲憊，彷彿置身於一座孤島。母親生長的時代，遇見好男人，生養健康的小孩就是最大的美德，她依照自己學習到的觀念，遵循那個時代的期待和父親家裡的願望，生下了健康的孩子並養育他們。應父母的教誨和時代的要求，以及父親家裡的期待，竭誠履行了一己之責，過著她自己口中「實現夢想」的人生。然而母親一有機會，卻會對已經結婚的我和姐姐們說：

「妳們別像我一樣過得那麼節儉，想穿什麼衣服就買來穿，想去什麼地方就去，我沒受過教育，家裡又窮，所以只能過苦日子，妳們千萬別活得像我一樣苦！」

雖然母親說自己「夢想成真」，卻希望我們「不要過上和她一樣的人生」，天下父母心，母親要我們為自己的幸福而活，不要一味地為丈夫和子女犧牲，終究她還是否定了自己的人生、否定自己的樣子，要我們別那樣生活。

生下女兒，養育女兒，我總是握著女兒的手告訴她：「別因為自己是女生，就把結婚生子當作生活的唯一目標，這樣想的話就不好了。」溫順如羊的女兒眨眨眼，點著頭說：「當然不能那樣。」

我討厭母親的勤勉持家，為家庭認真賺取收入的付出被家人視為無物；討厭父親當面責備媽媽，說她把家裡搞得亂七八糟；討厭哥哥用腳踢開家庭代工材料的樣子。面對這些責難仍然微笑以對的母親，讓我感到相當悲傷。我也對於那麼幸福的事和如此辛勤的勞動，被概括成一句「這是能賺幾毛錢？」而感到憤怒。

母親像是不停重複日常瑣事的修道僧，比任何人都還要辛勤工作，從來沒有休息過一天，然而母親的人生卻像是織好又拆開，用滿是水蒸氣的水壺燙開、又重新編織的毛線團，躺在編織籃裡不受重視。

我們一起生活，一起經歷過這些歲月，對彼此固然熟悉，可是我對母親的人生，又瞭解多少呢？我不知道她的夢想是否實現，是否真的幸福，也不曉得她有多麼辛苦和疲憊。老實說，端詳母親的人生時，我害怕自己會活得像她一樣，而下意識選擇迴避她。我很喜歡媽媽優雅的手，也喜歡自己那雙像媽媽的手，卻仍會因為害怕過上像她一樣的人生，而轉身背對她。

我不確定母親對這樣的我，是感到難過還是慶幸，然而我可以確定的是，若是我美麗的女兒為了自身的幸福而對我視而不見，不願意深入瞭解我那疲憊的人生，那麼不論多少次，我都會同意，就像是從來不曾歇息的母親成就了我的幸福，我也樂意為女兒這麼做。對我母親來說，我永遠都是她在三十五歲時生下的小女兒，即使她白髮蒼蒼，腰間無力難以行走，也會釀造好大醬、辣椒醬等著我去拿。而我女兒也是我在三十歲時生下的第一個孩子，是我人生真正的同伴，亦是繼承了我血肉的愛女。

女兒：

我希望妳當一個以自己為最優先，並且最愛自己的人。為了迎向更自由、更廣闊、更平等的世界，請妳盡全力地無視、否定我這個母親，在妳的新世界裡，過著充滿動力的人生。

To my sweetheart

我可以確定的是，
若是我美麗的女兒
為了自身的幸福而轉身背對我，
不願意深入瞭解我那疲憊的人生，
那麼不論多少次，
我都會同意。

就像是從來不曾歇息的母親
允許了我的幸福，
我也樂意為我女兒這麼做。

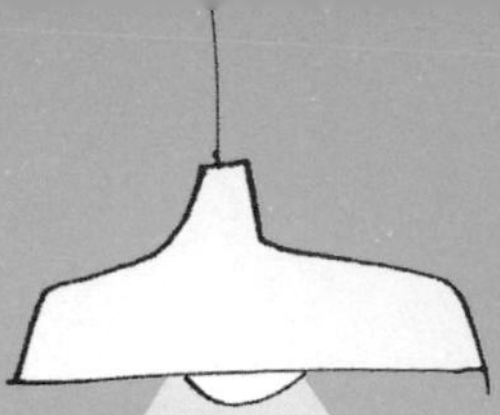

母親的婚姻與貧窮

我知道那些不夠用的錢，往往會最先用在誰的身上，也知道若是我去理解母親的窮苦，身為家中弱勢的我，所能選擇的道路會變得多麼狹窄。

我一上大學，母親便開始好奇我的婚姻和未來的女婿，每當她提起「要嫁個好老公」，我就會調皮地頂嘴：「所以妳才和這麼窮的男人結婚嗎？妳不是說結了婚之後，才發現他真的是窮到不行，所以嚇了一大跳？」母親大力地搖搖頭說：「是呀！嚇了一大跳，我知道他窮，但沒想到這麼窮。」

媽媽五歲的時候外公就因霍亂去世，她和外婆相依為命，到了二十五歲才結婚，在那個時代算是晚婚。小時候我問：「媽媽妳以前都在做什麼？」她回答：「我會上教會、做衣服、織毛衣，還有和朋友玩。」

「妳以前上過教會？什麼時候？」她說：「我結婚前有個年輕的傳教士到我們村子，他非常認真地傳教，有次我和村裡的朋友一起去聽他講道，覺得很不錯！我還拿著聖經一讀再讀。」媽媽提到年輕的傳教士時。臉上悄悄露出一絲微笑。

我怎麼可能錯過那個表情，「那妳現在怎麼改信天主教了？以前不是會去教會嗎？」媽媽回：「和我一起上教會的朋友說，年輕的傳教士對我有意思，可惜郎有情妹無意，所以我就不去教會了。」我說：「什麼啊？妳怎麼沒跟他交往看看，再決定要不要繼續上教會，傳教士以後會成為牧師，那妳也不用這麼辛苦了。」母親對我的話感到無語，笑著說：「那個傳教士彬彬有禮，是個很不錯的人，只是我跟他沒有緣分，我就是不喜歡他！我第一次見到妳爸的時候，就喜歡上他了。」我回：「所以說，妳不應該被感情左右，應該要好好地認識一個人再做出最後的判斷，不能光看外表就自己幻想。如果妳當時有這麼做，我現在就是牧師的女兒了。」媽媽害羞地笑著說：「妳這孩子真是的，就是跟妳爸爸結婚才有了妳呀！不然妳哪會出生？」

女兒上幼稚園的時候，我曾和娘家爸媽一起到麻古寺溪谷玩水，回鳥致院家裡的路上，媽媽看著疾馳而過的風景，在車上說了句：「我結婚之前，就住在那個村子！」

老公邊開著車說：「喔，您以前住在那個村子嗎？」我轉過頭，從車窗瞥了一眼車子經過的地方，那裡有幾戶人家，四處被矮山環繞。我說：「媽，那裡什麼都沒有，一定很安靜吧？」母親像是陷入兒時回憶似的，沉思了一會兒後說：「一到春天，我們就忙著四處採野菜。」

國民學校低年級時我曾問：「妳怎麼認識爸爸的？」媽媽笑得像個少女回答：「妳外婆告訴我，今天有人特地來看我，我很好奇究竟是什麼樣的男生。那時妳爸爸在圍牆外徘徊，我一眼就看上他了。」我說：「只是遠遠看一眼，就喜歡人家了？」媽媽回說：「是啊！後來聽說妳爸爸也喜歡我，我們就結婚了。」

在圍牆邊一眼定情，最後和父親結婚的母親說：「結婚後我第一天到婆家時，嚇了一大跳，我這輩子沒見過這麼窮的人家，家裡人口眾多卻沒有什麼食物，整家人擠在一棟小房子裡，睡覺都得挨著彼此。」媽媽頻頻咂嘴，一邊打了個冷顫，像是不願回想似的，眼神中露出了悲傷與茫然。

當時祖父母帶著四男二女（父親是次男，在家中排行老二）一起生活，由於已經結婚的大伯父也住在這裡，小草屋裡總共擠了十一個大大小小的家人，也難怪母親會瞠目結舌了。再加上母親和外婆兩個人日子過得簡單，直到二十五歲才嫁人，很難想像她面對如此嘈雜紛亂的生活時，是什麼樣的心情。

「你們絕對無法想像，那麼多人住在一棟只有三間房的窄屋子裡，有多累人，也不會明白要養這麼多張嘴，是一件多麼可怕的事。我都不曉得米缸怎麼那麼容易就空了，才一填滿就又見底。妳爸爸為了養活那麼多張嘴，過得相當辛苦，但家裡只有他一個人在賺錢，還能怎麼辦呢？我也已經拼命攢錢了。你們不會了解養一個大家庭的痛苦。俗話說『米缸滿，人心善』，自己生活都這麼艱難了，真不曉得要如何顧及到這麼多人。」

身為職業軍人的父親，是家族中唯一一個賺錢的人，據說當時大伯父身體欠佳，爺爺也沒有在工作。母親要承受艱難的婆家生活，還要和父親共同扛起餵養那麼多人的責任，那種不知所措，光是想像就沉重無比。母親的貧窮有一段悠久的歲月，而貧窮的深度，也造就了父親肩上沉重而巨大的責任。

我不知道母親口中「可怕的貧窮」是什麼樣子，但我在國民學校低年級時，卻有許多因為貧窮而變得渺小的經歷。

一九七〇年代中期，每一季都要繳交助學會會費（學生家長為了子女教育，而自主捐款的費用），放學之前，老師往往會將沒有繳交會費的學生名字寫在黑板角落並加以唱名，每當名字被寫在黑板上的我向媽媽要助學會會費的時候，媽媽就會一大早牽著我的手在村裡繞上一圈，四處借錢。

抓著母親裙擺走遍村子的時間特別漫長，明明是清晨，我的心卻如夜晚一般漆黑。揪著媽媽裙擺的我望向媽媽，她的臉龐是如此狼狽，而我也變得如此渺小。那段時光於我母親、我們兄弟姐妹，都是相當艱困的一段日子。姐姐們經歷這種日子的時間比我更長，偶爾聚在娘家聊起當年，仍會流露出悲傷的神情。

母親偶爾會帶著迷濛的眼神，平淡地說起那段四處借錢的日子：「那時日子真的不好過，沒有人樂意借錢給別人。妳爸賺錢養五個孩子就夠吃力了，還得照顧爺爺、奶奶、補貼大伯家孩子的學費，每一分錢都浪費不得。」

然而，我並沒有同理母親感受到的貧窮，因為那樣的貧窮，並沒有平均分配在家裡每一個人身上。我知道那些不夠用的錢，往往會最先用在誰的身上，也知道若是我去理解母親的窮苦，身為家中弱勢的我，所能選擇的道路會變得多麼狹窄。透過附近鄰居的家庭狀況，我看到一個家庭的貧困，是如何打擊家中最弱勢人的志氣，甚至將他的可能性也消磨殆盡。我所生活的村子，位於鳥致院砧山洞忠靈塔之下，是許多窮人聚居之處，村裡的姐姐們大多沒有上高中，而是去工廠賺錢。

我不知道讓母親恐懼到打冷顫的貧窮為何物，也不知道母親擔心下一餐沒著落，而害怕空米缸的恐懼，我所認識的貧窮僅有牽著母親的手，在村裡四處借錢的回憶而已，對此我很感謝母親。然而我不願去想負擔五個小孩學費的艱難重擔，會如何累彎了他們的腰，因為一旦我去思考，就會像村裡其他姐姐一樣，在中學畢業後上夜間部高中，或是在考量家境之後，於眾多的選擇當中，選擇最困難的一條路。

一旦察覺到母親的貧窮與痛苦，我能選擇的道路將自動限縮，因此我選擇對母親的窮苦視而不見。貧窮不是罪，但我知道貧窮如何在家庭之中助長歧視，所以我轉身背對了母親的貧窮。

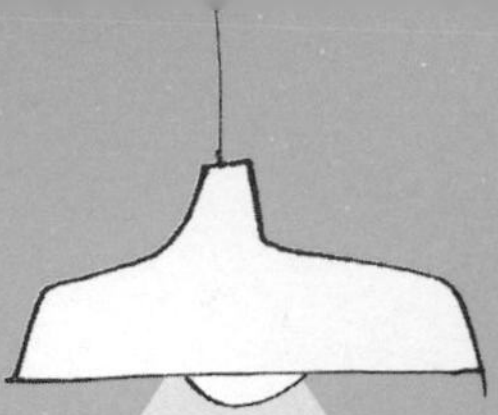

紅蘋果與母親漸熟的蘋果園

蘋果很了不起，不過我和蘋果又有何異？我也不過是一顆垂掛在父母樹枝上的幼小蘋果罷了！靠自己的努力，成長為令人喜愛的蘋果，才是最棒的辦法。

「快點起床吃飯了！一大早就這麼悶熱，熱死了！」

國民學校三年級暑假的早晨，小瓦房的地板早就燙得像鐵鍋。媽媽從廚房端來沉甸甸的圓餐桌，額頭上的汗珠一滴滴滑落。

「我吃完飯就要去蘋果園，妳待會中午的時候可以拿冰塊過來嗎？」

我用湯匙盛了一口嫩蘿蔔葉泡菜回：「冰塊？好，我會拿過去。」

隨便洗了把臉後，我和朋友結伴到國民學校操場一隅，在有著幾百年歷史的銀杏樹蔭下玩跳格子，我將泛著古銅色與深紅色的地面當作畫紙，在地上畫上了線，和朋友們一起用手指彈著小石子玩耍。蹲著玩到膝蓋疼，就扔下畫線用的樹枝去盪鞦韆，如果這也玩膩了，就到溜滑梯邊玩閃電滴滴[8]。

玩了一上午後，我從冷凍室拿出冰塊碗，將冰塊倒進黃銅色大水壺後前

8 類似鬼抓人的一種遊戲。

往蘋果園。徒步到蘋果園的路程，即使是大人也要花上三十分鐘，走著走著我手上的大水壺從一隻手提變兩隻手提，接著掛在肩膀上，最後被我抱在胸前。經過印著兩條清晰推車輪印的山坡路，避開緩慢爬行的蚯蚓，走過有大片公墓的道路，再路過老桃樹園與兩座不知名的村莊。

流著熾熱的汗水，正在開溝作畦的媽媽，露出蘋果花般的笑容，她挺直腰說：「真熱啊！很重吧？如果能下點雨，就會涼爽些了！」接著倒了一些冰水在毛巾上，以冰毛巾擦拭滿臉的汗水，再倒了杯冰水到玻璃杯中喝下：「啊！真沁涼，活過來了。」話音像冰塊裂開的聲音般清脆爽朗。

我爬上一坪多的瓜棚，將媽媽早上帶來的米飯泡冰水食用。雖然地面冒出的熱氣與受烈日蒸曬的潮濕空氣瀰漫瓜棚四周，和媽媽一起享用的午餐卻相當美味。嫩蘿蔔葉泡菜、炒黑豆和炒鯷魚是我們全部的菜色。約莫一個成人身高的瓜棚被附近的桃子園、梨子園包圍，猶如浮沉於蔚藍大海中的一葉扁舟。

整個暑假我都在蘋果園的瓜棚玩耍，寫圖畫日記、和媽媽一起摘除豆田田埂中的小雜草、撥開豌豆莢摘下長成一排的豌豆。

夏末全家人到蘋果園採摘蘋果，爸爸拿著長竿摘頂端的蘋果，隨口說：「那上面應該長了漂亮的蘋果，不知道被喜鵲吃過了沒。喜鵲可不是普通的聰明，最漂亮、最飽滿的蘋果通常都長在樹尖上，也不曉得喜鵲是怎麼知道，老是第一個啄食，那上面的蘋果不知是否安好。所以說，優秀的人容易遭人攻擊，太聰明、太漂亮也是一樣。」

我看著爸爸高舉竿子，摘下樹頂的蘋果，問：「喜鵲有這麼聰明？」

「當然，妳不能小看動植物，牠們聰明得很，不好吃的蘋果再多牠們也不吃，牠們只會挑好吃的蘋果吃。喜鵲比我們好命一百倍！我們得把好東西拿出去賣，牠們卻能免費吃到我們種植的蘋果，而且還是最頂級。」

「那麼，爸爸，熟透的紅蘋果很笨呢！長在上面讓喜鵲啄。躲在中間這邊的蘋果比較聰明，牢牢長在蘋果樹上，也不會被拿去賣給別人吃，可以撐到最後。」

爸爸聽了我的話，笑著說：「是啊！把自己藏起來，固守自己的位子生存到最後，才是最厲害！」

現在想來不禁失笑，因為對熟成紅透的蘋果來說，不管是被喜鵲啄食還是被人類食用，其實都一樣。

有時獨自坐在瓜棚裡，聽著激烈的蟬鳴和著草蟲鳴叫的聲音、喜鵲四處穿梭的聲音、蘋果葉被風吹得沙沙作響的聲音，十分悅耳。而我最喜歡的，是看著蘋果在日光、風和雨之中，一天天變紅。

我驚豔於朝夕之間產生變化的蘋果樣貌，與淡紅色的蘋果在半天日照後，變得殷紅的時刻。在母親精心栽培的這座蘋果園，觀賞陽光、風和雨水帶來的驚奇瞬間，著實是一件幸福的事。

國民學校六年級，炎熱暑假的某一天，我呆呆坐在瓜棚裡看著附近樹上的蘋果，內心期盼自己的人生，也能像那顆蘋果般鮮紅閃耀。紅蘋果像是在俯視瓜棚裡的我，而此時收音機傳來颱風預報。坐在瓜棚裡，我心中祈禱那紅蘋果即便經歷颱風，也能牢牢掛在樹上。媽媽忙亂地往返於蘋果樹間，捆牢需要固定的地方，查看是否有散落的農具，並一邊說著蘋果得再曬個兩三週的時間才能成熟出貨，對颱風的到來憂心忡忡。

颱風過後，蘋果園裡滿是掉落的蘋果，尚未成熟的蘋果在地上滾動，媽媽嘆了嘆氣，拾起尚可食用的蘋果，而我則前往尋找瓜棚附近的紅蘋果。那蘋果閃爍著鮮紅的耀眼光芒，在暴風雨過後的太陽底下散發著一股堅毅自信！跟著媽媽撿了一陣子落果後，我爬上瓜棚，盯著那了不起的蘋果良久。

「原來要美麗地成長，並不需要什麼特別的東西！所有蘋果都是長在同一棵，照著一樣的陽光、經歷著同樣的風雨成長，我最喜愛的蘋果哪有什麼特別的呢？它不過是在颱風肆虐時，也仍緊抓樹枝撐到最後，傾盡全力地熬過殘酷的颱風！不只如此，它承受蟲咬、熬過乾旱，同時也竭盡所能地吸收樹液，餵養自己。」我這麼想。

「蘋果很了不起，不過我和蘋果又有何異？我也不過是一顆垂掛在父母樹枝上的幼小蘋果罷了！靠自己的努力，成長為令人喜愛的蘋果，才是最棒的辦法。同一棵樹有掉落的蘋果，也有牢掛枝頭成長的蘋果！這不是別人的功勞，而是自己充實了自己。」戰勝暴風雨的紅蘋果，彷彿在對我喃喃細語。

小時候到媽媽的蘋果園時，媽媽永遠都在做著各種瑣碎的工作，我從媽媽身上學習如何做事，並坐在瓜棚裡，從蘋果身上學習、從喜鵲身上學習、從我自己身上學習。在那段談不上特別的漫漫空白時光中，學習了大自然給我的教誨。母親的蘋果園可說是為我的人生，帶來了偌大的禮物。孩子都需要這樣一段留白的時間，而總是在辛勤勞動的母親，自然而然給了我這段寶石般珍貴的時光。

我希望職業媽媽們可以稍稍放下一些自責。孩子雖然看似不懂父母的汗水、痛苦與辛勞，但其實他們全看在眼裡，並在與父母分開的空檔裡，擁有自己慢慢成熟的時間。如果我幼時的每一段時光，都填滿母親安排的各式各樣補習班課程，我還會有這種想法嗎？八成會認為我的人生為何如此艱難、慨嘆人生不易吧！然而，在蘋果園瓜棚上觀看白雲飄過天邊，紅蘋果掛在枝頭上的那段歲月裡，母親給了我蠟筆和畫紙，並投身於純粹的勞動中，也因而給了我一段時間，讓我的想法如蘋果熟成般，慢慢成熟。

蘋果熟成需要時間，孩子成長也一樣需要時間，讓他們熬過來，是他們自己的力量。小看孩子的生命力，絕對會是父母最大的失算。

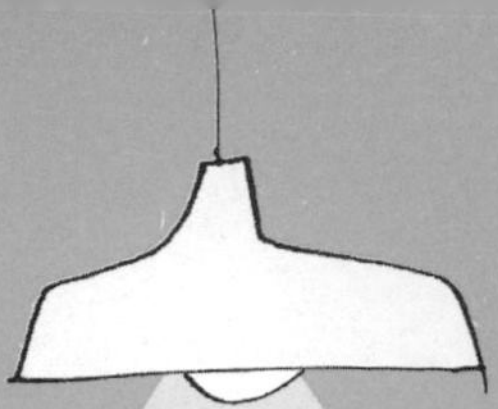

在黑暗之中
耀眼發光之物

年紀最小理應要最膽小，我卻天不怕地不怕。父母對年幼孩子的耳提面命，對孩子來說絕非輕鬆之言，因為子女接收父母的愛成長，同時也會接收父母的恐懼。

直到現在，每當我在日落時分信步於前院時，彷彿仍能聽見遠處母親喚我的聲音。小時候和村裡的朋友在忠靈塔公園玩到太陽下山流連忘返，媽媽們總會在大門外叫喚我們的名字。

「裕敬！還不吃飯啊？別再玩了，快回家！」

不管是誰家媽媽的叫喊聲，摘白花三葉草玩扮家家酒的我們一聽見，便隨即拋開遊戲飛奔回家。紅黃相間的餘暉灑落在狹窄下坡路上，我們賽跑似地朝家裡前進，夜幕緩緩降臨。

砧山洞忠靈塔附近的人家，聚集生活在樹籬圍起來的區域內，太陽下山後便是一片漆黑。當時沒人在屋外安裝電燈，天色一暗，小小的村子內便伸手不見五指。雖然傍晚屋裡燈光流洩而出，便能辨識出房子的模樣，然而路邊沒有路燈，門口也沒有照明燈，除了月光皎潔的月圓日之外，在外面行動往往得提著大燈籠。那是一段實實在在感受黑暗原本面貌的日子。

當時，除了富裕人家之外，家家戶戶配備的仍是傳統廁所。我們家的廁所就在後院裡，那間石板瓦屋頂的小小傳統廁所與忠靈塔公園的樹籬相接，即使在白天也顯得陰暗。從我有記憶以來，到大學三年級為止，我一直住在這棟瓦房，瓦房的廁所在嚴冬裡十分寒冷，夏天則因為強烈的氣味，而讓人無法久待。

大姐怕黑，即使是在滿月明亮的月光下，也會要我陪她去廁所，不怕黑的我，在姐姐上廁所的時候，不是站在門前唱歌就是和姐姐聊天。姐姐到汝矣島的大學附設醫院工作那段時期，每次回砧山洞瓦房要上廁所的時候，還是會說：「陪我一起去。」這種時候我就會故意捉弄有一雙明眸大眼的大姐說：「姐，有什麼好怕的啊？」後來一想起兩個成年女生結伴去廁所，就會不由自主地笑了出來。

爸爸、爺爺、大伯總是對女兒們說：「晚上出外要小心！天黑了，女孩子家怎麼還四處閒晃？晚上要多小心啊！女孩子不能在深夜還在外面亂跑！」

這些對兒子們不適用的話裡，總夾帶著憂慮與害怕，忠實呈現了長輩們深怕女兒、孫女和姪女在深夜遊蕩，而遭到傷害的恐懼。姐姐們聽了長輩們的警告，也變得害怕黑暗與夜晚，家裡最怕黑的人，依序是心地最善良的大姐、和大姐一樣有雙漂亮大眼的大堂姐、像母親擇善固執的二姐，和天生充滿女人味的二堂姐。

身為大伯家和我們家第五個女兒的我並不怕黑，現在想想，也許是因為我最少聽見大人們對黑暗的警告。年紀最小理應要最膽小，我卻天不怕地不怕。父母對年幼孩子的耳提面命，對孩子來說絕非輕鬆之言，因為子女接收父母的愛成長，同時也會接收父母的恐懼。那時社會正在發生變化，我的年紀尚小，還無法吸收父母的恐懼，而且爸媽太過忙碌，與家中小女兒很少碰面，因此黑暗於我，就如同是朋友。

國民學校三年級時，我說要和媽媽一起抓偷吃賊而來到了瓜棚，媽媽說：「我去拿晚餐過來。」回家後，就因為突如其來的雷陣雨沒辦法立刻回來，導致我一個人在瓜棚待到深夜。我獨自坐在周遭毫無人煙的瓜棚裡，欣賞了好一會兒八月的夏日陣雨。這場雷陣雨下得如此猛烈！雨水揚起了地面塵土，劈里啪啦拍打著蘋果樹的葉子，那聲響像是音樂聲，也像是雨水在對我說話。伴隨陣雨而來的風雨和強烈的雷聲、閃電，為夜幕低垂的蘋果園添上了五顏六色，一道道紫色、藍色、黃色閃電劃下，蘋果樹的葉子和蘋果，皆展現與平時不同的樣貌。

在驟雨過後的瓜棚裡，我不曉得觀賞了多久的天空，渾圓的滿月掛在雨過天晴的天空中，周圍流雲閒散，在那之中還有星星探頭。當時浮現的想法是，大自然的白天與黑夜，各有它們的專屬時間，有些聲音到了晚上才能聽見、有些色彩只有晚上才能看見，不論你觀察的時間長短，也不管你看得清晰還是模糊，皆是如此。直到滿月升到頭頂，媽媽還是沒有回來，然而蘋果園裡充滿了生命的聲音，以及北方狹口蛙、青蛙和草蟲的鳴叫聲。那時頓時覺得，坐在瓜棚裡的我，其實也不過是這個地方的生命之一而已。

我在瓜棚裡看著星星，爸爸和媽媽持著手電筒前來，不知是不是整路受爸爸斥責，媽媽一到便說：「哎唷，真是太好了。」爸爸說：「妳沒回家嚇了我一大跳。妳有因為害怕而哭嗎？」他想到在雷電交加、傾盆大雨的深夜雷陣雨中，一個十歲的女孩子整個晚上孤零零地待在瓜棚，不曉得該有多害怕，心驚膽顫地如此問。

我很高興，爸媽因為擔心我，而加緊腳步前來。我回答：「哪有什麼好怕！爸爸，閃電很漂亮，我也很喜歡打雷的聲音。」父親回說：「雷雨閃電大到像是要世界末日了，妳不僅不怕，還喜歡啊？」平時不會抱我們，也不會背我們的嚴厲父親站在瓜棚前說：「路上很暗，我背妳。」我霎時感到萬分幸福。趴在爸爸溫暖的背上，我問：「蘋果和草蟲都安然無恙，有什麼好怕？」爸爸回說：「妳膽子還真大，都不害怕嗎？妳比我厲害多了，我剛剛都要嚇壞了。」靜靜走在爸爸身邊的媽媽也說：「真不曉得妳哪來這麼大膽子，媽媽怕得要死呢！」邊露出安心的微笑。

在我記憶中，那天爸爸是第一次也是最後一次背我，他背著我走過那條漫長道路，媽媽則跟在爸爸身邊，不斷輕撫著我的背。

爸爸和媽媽恐懼的是什麼呢？他們怕的是猛烈的雷陣雨、震耳欲聾的雷聲，還是如同惡魔睜眼般炸裂夜空的閃電？我想他們是因為深愛孩子，擔心我一個人待在漆黑的瓜棚，才會如此恐懼。

白天與黑夜不過是隨著季節更迭而發生的自然現象，然而大人卻用「是女孩子」、「是女兒」這樣的理由，將夜晚定義成恐懼，教導我們必須提防黑暗。剛開始我想，小心並無壞處，然而若是無法見識夜晚的美、無法進行在夜間才能做的事、無法踏上必須在夜晚走的道路，那麼既身為女性，也身為女兒的我們，一天之中就有一半的時間，得將自己限制於家中。父母雖有改變社會、改善環境，讓女性和女兒在晚上也能安心行動的責任，但在忙於養家糊口的年代，他們也只能告誡女兒不要亂跑，小心避開危險。

女兒國小低年級的時候，我從春天到秋天，走遍社區大樓各個地方，只為尋找女兒的下落。

如果女兒沒有事先告知就去朋友家，或是到其他社區的遊樂場玩，我就得四處尋找她，若是超過晚上九點還是沒找到，我就只好進行社區廣播。女兒往往會紅著臉頰，開朗地回家，我在她臉上看見自己小時候的模樣。

「妳要說一聲啊，玩到很晚也沒關係，但妳告訴我去哪裡玩，媽媽才不會擔心！」女兒回：「媽媽，妳很擔心嗎？我不是故意的，玩著玩著時間就這麼晚了。下次我不會再犯。」其實她也只是忙著玩耍而已。幫忙照顧孩子的婆婆一面叨念：「女孩子家這麼晚了，還四處亂跑怎麼行呢？都不知道害怕。」一面咂舌表現出擔心的樣子，而我總將婆婆對年幼女兒的責罵拋在腦後，我並不希望女兒成為一個對夜晚感到恐懼和害怕黑暗的人，因為唯有直視黑夜，才能看見在黑暗中耀眼發光之物。

養育女兒的過程中，我從不曾說「為什麼晚上還在外面亂跑，快點回家」，我相信她晚歸，必定有她的理由，而當她需要父母陪同的時候，我也會立刻起身，欣然伴她同行。

世上有一些事物，只見於漆黑之中、僅在黑暗中耀眼發光。我認為父母因為愛子女而產生的恐懼，應是父母要自行承擔，不應將這樣的恐懼轉嫁給年幼的女兒。讓女兒不論是在黑暗中或是任何地方，都能自由無拘，是我們這一代人的責任。我們去盡一己的責任，卻讓自身的恐懼與擔憂束縛住女兒，這會讓恐懼像生命一樣滋長，我不想在女兒的心中植入恐懼，嚇唬她，將她困在家中，畢竟恐懼生於心，也長於心。

To my sweetheart

我不希望
女兒成為一個
對夜晚感到恐懼和害怕黑暗的人，
因為唯有直視黑夜，
才能看見在黑暗中耀眼發光之物。

我認為
讓女兒不論是在黑暗中
或是任何地方，都能自由無拘，
是我們這一代人的責任。

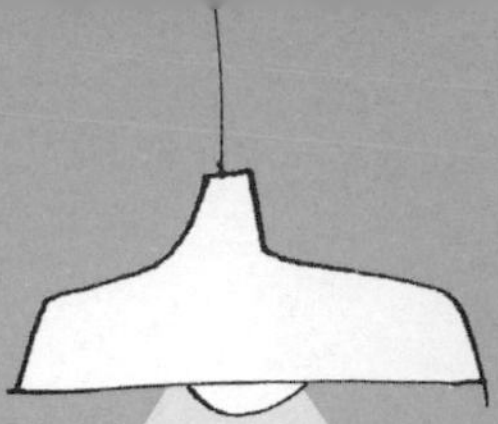

世上獨一無二的強力特效藥

因為壓力而咬指甲、四處塗鴉、亂扔東西、對小事大吼大叫和口出穢言的孩子，也不過都是想要得到疼愛的孩子罷了。

國民學校入學時我真的非常高興，因為不用照顧弟弟，也不用整天看奶奶的臉色，所以我開心得不得了。生平第一次和同齡的朋友坐在低矮的書桌前，向老師學習國字，嶄新的世界彷彿在我眼前展開。用白色粉筆寫在綠色黑板上的國字是如此美麗。

上學時期，我對男孩子們平時喜歡成群結伴玩在一起，一言不合就大打出手感到神奇，他們會為一些真的微不足道的小事大動干戈，打完架後又像是什麼事都沒發生過似的，繼續聚在一起玩耍。男孩子們三五成群地玩到無聊時，就會跑到女孩子們的遊戲空間搗亂，不是隨便把寫作文的格線擦掉，就是在女孩子玩跳繩的時候，用削鉛筆刀將橡皮筋繩割斷後逃跑。橡皮筋繩被割斷後，女孩子們往往會哭著跑去找老師告狀，然而老師卻不以為意。

因此當我的橡皮筋繩被割斷時，我絕對不去找老師，而是追著男孩子跑，直到揪住對方的衣角，得到他的道歉。擅長跑步的我拼命衝刺，直視對方的雙眼，讓他保證自己下次不會再犯。我不會哭著去找老師抱怨，因為我知道大人的世界是多麼不公平，所以發生在我身上的事，就得靠自己的力量去解決。

結婚之後我曾經問過我母親：「媽，我還很小的時候，為什麼哥哥打我打得那麼兇？他為什麼這樣對我？」

媽媽答：「還不是因為妳哥哥不管說什麼，妳一句都不肯讓他！妳回的話也沒錯，他氣不過，就只好打妳。哎，那時候真的有夠吵，妳也真是的。」

「那為什麼妳不教訓哥哥？」

「那麼多個孩子，我實在很累。妳頻頻頂嘴，妳哥哥說『女生頂什麼嘴？』把妳惹哭，接著妳又哭鬧個沒完。」

現在回想起來，媽媽在哥哥開玩笑打我時，曾經出聲制止：「別打了！吵死了！」卻從未以實際行動阻止或是訓斥他，只當是孩子成長過程中會有的爭吵，不會深究。當時媽媽從清晨開始就忙於工作，直到晚上才能休息，對於哥哥弄哭我，似乎只覺得又吵又煩，什麼都不想管。累了一天的媽媽大概不想挫兒子銳氣，也不想聽我頂嘴。

在學校面對男同學的時候，我無懼於表達自己的意見，即使是力氣大的男同學也拿我沒轍，然而在媽媽與爺爺、奶奶默許之下，哥哥仍無所顧忌地偶爾對我施暴。當時中學生的哥哥，邊打我的頭、嘴裡還會唸著奶奶說過「女孩子頂什麼嘴！」其實哥哥不是個暴力分子，現在的他甚至還相當感性，只是那時正值青春期，他想要展現自己的力量，而家裡沒有任何人阻止他。

「媽，妳記得我頭頂掉髮，嚇得趕緊帶我就醫的事嗎？醫生說是營養不良，要妳每天讓我吃一顆半熟蛋，所以妳早上都會在不鏽鋼盤裡，準備一顆溏心蛋給我吃，整整煮了一個月，記得嗎？」

我一說，媽媽便笑瞇瞇地說：「當然記得了，妳頭頂有個拾圓大小的區塊掉髮，嚇死我了，所以我就買了一整盤雞蛋，只為妳一個人煮溏心蛋。女孩子家怎能掉髮呢？幸好妳很快就恢復了！」

我一直自認個性堅強，不過我對產生圓形禿那段時期的回憶並不多。那時醫生說是營養不良，我也就這麼認為了，現在想想，當時我會掉髮，不是營養不良，而是因為承受了巨大的壓力。

並非要流血骨折，才算是暴露於暴力之中，日積月累的言語暴力與反覆的斥責、毆打，便會在孩子無法承受壓力的時候，透過身體表現出來。諸如咬指甲、吃頭髮、掉髮、白髮橫生和身體特定部位發顫等現象。年幼的我是因為奶奶的差別待遇與哥哥的零星暴力，身體才會出現異狀。那時不論在學校還是家裡，日常生活中時常發生大大小小的暴力，因此媽媽也沒料想到，兄妹間玩笑般的拳腳相向會導致我掉髮。

媽媽每天早上精心為我煮溏心蛋的那段時光，讓即使掉髮的我也感到幸福，因為擺在早餐餐桌上的那顆溏心蛋，是媽媽的愛。當我的身體在為我訴說無法言語的壓力時，媽媽的愛——她精心準備的溏心蛋，是我得到世界上獨一無二的強力特效藥。那時食用媽媽的溏心蛋，我也升了年級，加上哥哥到外地留學，折磨我的奶奶也臥病在床後，我的頭髮也長了回來。孩子其實就是吞食著愛而成長。

我正因博士課程而過著忙碌的日常時，四年級的女兒開始咬指甲，玲瓏的指甲被小巧的牙齒咬掉，使得指尖泛紅。我很心痛，女兒無法對忙碌的我訴說，偶爾又遭受奶奶的差別待遇，她那咬得通紅的指尖，著實抓傷了我的心。有一陣子我常常擁抱女兒，傾聽她、握她的手。我沒有因為她咬指甲而苛責或訓斥她。斥責她對我發出的訊號，又有什麼意義呢？

過了三個月，女兒便不再咬指甲了。不只是女兒，我在群山上班，和老公變成週末夫妻的時期，與爸爸一起在大田生活的國小二年級兒子，用文具美工刀對皮沙發東劃西劃，我把兒子叫過來，坐在沙發上擁抱了他一會兒。我抱著他說：「兒子！你應該是想確認美工刀利不利吧！這張沙發年紀和你差不多，你在這上面撒過尿，把餅乾吃得到處都是，還曾經把吃的東西都吐在它身上，但是沙發總是能支撐你的屁股，承受你在上面蹦蹦跳跳，現在你還拿刀劃它，這沙發的人生還真是多舛啊！是不是？」兒子不好意思地笑了笑說：「我不會再這樣了。」後來我便儘可能地多與兒子目光接觸，經常擁抱他，度過了那一段時間。

小時候在家裡和學校反覆受到差別待遇與暴力的孩子，潛意識地在心裡蓋起了一座壓力室，那些積累無法言說的痛苦，便透過身體宣洩。根據每個人及其遭遇狀況的不同，要擺脫這樣的壓力，也有可能得花上一輩子。大人眼中微不足道的行為，對成長中的孩子而言是難以承受的壓力，不論是回顧我的成長，還是從我孩子的成長過程中，都呈現出想獲得疼愛，以及極欲擺脫差別待遇與暴力的渴望，無意識中透過行動表現出來的情形。

孩子也好、大人也罷，我們都是想要被愛，也想要愛人。頭頂掉了一綹頭髮而得到母親疼愛的我知道，對子女來說，父母的愛即是最有效的特效藥。

致心中保有強力特效藥的女兒們：

母親是以愛子女而存在，但不是神，媽媽雖然愛孩子，但也有可能犯錯、看走眼，抑或是犯糊塗。孩子經歷情緒不穩，雖不能全然歸咎於父母，但可以肯定的是，孩子是遭受痛苦的被害者。

因為壓力而咬指甲、四處塗鴉、亂扔東西、對小事大吼大叫和口出穢言的孩子，也不過都是想要得到疼愛的孩子罷了。

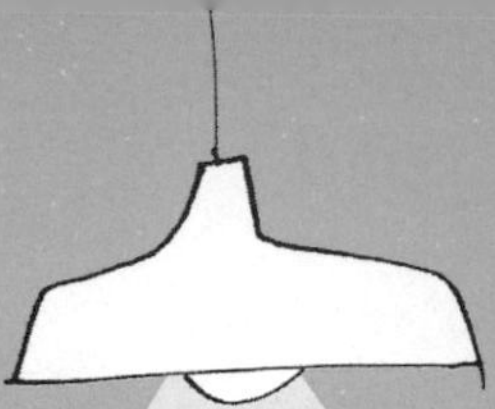

可以買溜冰鞋給我嗎？

對媽媽而言，兒子是陪伴他們餘生，負責照顧他們的人，女兒卻必須離開家裡，成為另一個家庭的成員，因此她才會在不知不覺間，將兒子和女兒區分開來。

忘記是幾歲的時候，某個寒冷的冬天，爸爸帶著哥哥前往滑冰場，在彷彿要凍傷指尖的冬日，好奇心旺盛的我快步跟上爸爸。附近村莊的孩子們，聚集在田裡灌滿水打造而成的水田滑冰場上，興奮地溜著冰。

爸爸從黑色大袋子裡拿出哥哥的溜冰鞋為他穿上，再拿出冰刀較長的溜冰鞋，忙亂地為自己繫上鞋帶。爸爸在蹣跚搖晃的孩子之間，行雲流水般的溜冰，調皮鬼哥哥則追著爸爸，即使不停地跌倒、摔跤，也無畏地往前邁進。在附近的孩子們跌跌撞撞、屁股跌坐在冰面上，相形之下，爸爸的溜冰身姿耀眼發光。湛藍的天，冷冽的冰面，在鼻尖受凍的寒冷中，爸爸溜冰的姿態依然俐落颯爽，彷彿正穿梭於蔚藍天際之中。據他說，是在江原道服兵役時學會溜冰。

每到冬天，我都會到水田滑冰場上，滑著堂哥做給我的雪橇，觀賞別人溜冰。國民小學三年級的時候，我小聲地問：「媽媽，可以買溜冰鞋給我嗎？」媽媽充耳不聞地說：「妳哥哥穿的溜冰鞋在鞋櫃裡，他現在腳大穿不下，給妳穿吧！」一拿出塞在鞋櫃裡的舊溜冰鞋，我高興得不得了。僵硬的黑色皮革、厚重的靴子觸感、長冰刀牢牢抓住鞋子的樣子，都讓我愛不釋手。繫在黑色皮面上的橘色鞋帶正對著我微笑。即便鞋子太大與我的腳不符，我還是快速地拿了兩雙襪子，分別塞進兩隻鞋的前端，並擦拭上面的灰塵。隔天我隨即前往滑冰場，可是溜冰鞋對我來說實在太大了。

我不知道跌了多少次跤。過大的溜冰鞋，導致我無法隨心所欲地移動，但我依然很開心。向前滑行的冰刀、堅硬冰塊的喃喃細語、冰涼的冷風、冬日的晴空和朋友們的嘈雜笑聲，一切都是如此美好。腳穿雪白花式溜冰鞋的女孩子們嘻笑著，男孩子們則不顧一切地奔馳，能夠親身參與其中，感覺真的很好。我走了又走、滑了又滑，即使鞋子太大我也開心地溜著冰。

每到冬天，我便會拿出哥哥穿過的溜冰鞋前往滑冰場，從國民小學三年級溜到五年級，溜冰鞋對我來說依然過大。五年級時我學會轉彎，以左腳支撐再滑動右腳並不簡單，轉過第一個彎後，我像是當上選手一般雀躍。雖然寬鬆的鞋子讓我的姿勢一場糊塗，但光是能夠成功讓腳跨到另一邊就足夠帥氣了。一到冬天我便穿著哥哥的舊溜冰鞋出沒在滑冰場上，鞋子合不合腳，是我力所不能及的範圍，能做的就只有盡我所能馳騁於冰面之上。

六年級的冬季，哥哥的舊溜冰鞋對我而言依然過大，畢竟哥哥大我六歲，要追上他腳的尺寸並不容易。吃晚餐的時候我問媽媽：「媽媽，可以買溜冰鞋給我嗎？鞋子還是很大，我想好好溜冰，但鞋子太大沒辦法溜好，我也已經穿哥哥的鞋子溜了好幾年了。」媽媽避開我的視線：「我們哪有錢啊？再過不久妳就要上初中了，難道不知道初中要花更多錢？就繼續穿吧！妳又不是要當滑冰選手，能溜就行了。」

後來是中學二年級吧？當我不再拿出哥哥舊溜冰鞋的那個冬天，媽媽買了一雙閃閃發光的新溜冰鞋回家，給小我三歲的弟弟。媽媽無視我問了好幾年「可以買溜冰鞋給我嗎？」而為了根本不溜冰的弟弟遞上一雙新溜冰鞋：「你也像你姐姐一樣去溜冰吧！」看過我在滑冰場上無數次摔跤、吃力掙扎的弟弟，一臉不情願地望著溜冰鞋。弟弟不喜歡溜冰，也許是因為他知道穿上鞋子的瞬間，便會像我一樣無數次撲倒、摔跤和跌倒撞屁股，所以他在門廊試穿一次後，就將那雙新溜冰鞋原封不動地放進鞋櫃。對我而言，弟弟那雙黑色皮革上繫著綠色鞋帶的溜冰鞋太冰冷、太可恨。

每每只要打開鞋櫃，都會看到弟弟那雙綠色鞋帶溜冰鞋，母親只買給兒子的溜冰鞋，既是我的現實，也象徵了我必須克服的不合理生活。每次進出門，拿出或放回鞋子時，弟弟的綠色溜冰鞋，總是會不斷地提醒我，是活在何種現實中。

我一直很喜歡媽媽，卻無法理解她，年幼的我並不知道那個年代的大人普遍如何看待女兒。媽媽在我玩到膝蓋摔破皮回家時，說：「妳這孩子，要是傷得很嚴重怎麼辦？」在我手肘被泥土地磨破，滴答流著血回家時，媽媽說：「要是留疤了那可怎麼是好？女孩子要小心一點啊！」我不以為意，用水清洗傷口，塗滿紅藥水後，又再次出門。

我只是一個在學習中成長、在經驗中茁壯，慢慢長成自我的孩子，然而現在我才明白，在媽媽眼裡我是個到了適婚年齡，就要嫁到別人家的女兒，對媽媽而言，兒子是陪伴他們餘生，負責照顧他們的人，女兒卻必須離開家裡，成為另一個家庭的成員，因此她才會在不知不覺間，將兒子和女兒區分開來。

我女兒小學三年級開始學溜冰，到四年級的時候對溜冰已是駕輕就熟，當時我帶著父母到大田夢精靈滑冰場，他們喝著魚板湯觀賞女兒溜冰，開懷地笑著說：「她溜得真好，怎麼能溜得這麼好看？」

「對吧？只要好好學習，一年就能溜得這麼漂亮。我穿哥哥的鞋溜得太辛苦了，所以希望她能開心享受溜冰。」

我看著父母，媽媽小聲地說：「是啊，我知道，妳總是抱著不合腳的鞋子去溜冰，不像妳弟弟，買給他也不穿。」

其實媽媽也知道自己那條隱形的界線。我知道那不是媽媽的錯，她只是按照從自己母親身上學習到的生活方式，生下兒女，並做出最好的選擇而已。

時至今日，我依然會在有空的時候去滑冰場溜冰，回味著小時候穿著不合腳的鞋溜冰的快樂時光，並再三提醒自己，世上沒有跨不過的界線。

在寒冷的冬季，穿著不合腳的偌大溜冰鞋，摔倒無數次、濕透全身所學到的，是如冰塊般冰冷而不變的事實。雖然穿上哥哥溜冰鞋的腳空盪盪，但只要不奔跑就不會跌倒，只要什麼都不做，就不會摔跤。可是如果不曾摔倒又如何學會站起來呢？若不是我拿著不合腳的溜冰鞋站到冰面上，又怎麼會知道父母看待兒子和女兒的標準，竟有這般壁壘分明的差異？而我總是盡全力奔馳，因為我知道如果我不往前奔跑，就永遠無法抵達、也永遠無法跨越。

縱然兒時的我對這世界的不公平有所不知，但我的領悟卻如冬季的寒風一樣清晰，我認知到家中的不公平如何作用，並且知道克服這份不平等的方法，就是靠我自己的力量跨越那條線，不能安於現狀，必須全力以赴。

經常摔跤，就能在跌倒的那一刻明白自己摔倒的原因；不停地從地面站起，就能在起身的瞬間，習得振作的要領。我穿著哥哥不合腳的溜冰鞋體悟到，世道固然殘酷，但若非付出代價，我也不會有所學習。

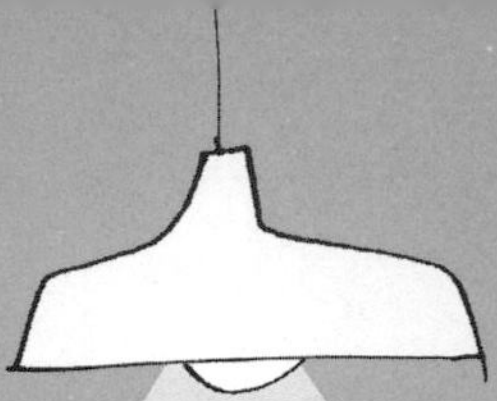

爸！雖然我愛你！

父母給予再多的幫助與自由，子女不願行動，便毫無用處，而不管父母砌的圍牆再高，一旦子女想要翻越，便沒有人能阻止得了。

大學時期，我與國民學校三年級時一起初領聖體[9]的朋友們，結伴擔任主日學校的教師，夏天籌辦聖經學校，冬天則為聖誕做準備。

在此之前，我父親任職工地主任，偶爾才會回到家裡，直到我大學入學，他轉為在離家頗近的一間建設公司上班。那時他總是恫嚇我說：「如果不早點回家，就別想回來了。」

大三上學期，有一次我為了服裝製作的作業而忙得不可開交，我打電話回家：「爸，我要做實習作業，今天打算在實習室熬夜趕工，有很多同學留下來一起做，所以你不用擔心。」結果爸爸說：「這是什麼話？不可以，妳給我回家，一定要回來。」說完就把電話掛了。

在實習室吵吵鬧鬧做實習功課的同學，超過十五個人，而當時晚上要從

9 天主教中，孩童首度領受聖體的禮儀稱為「初領聖體禮」，這被視為完全加入教會的第二步驟，在此之前為先領受聖洗聖事，之後是堅振聖事。

大田回鳥致院的家，必須搭乘公車或火車，公車末班車時間是九點三十分，若是坐火車，晚上十二點左右出發，約莫要半夜一點才會抵達。那個時期，交通不像現在發達，最後我因為公車末班車已過，只好到位於儒城區的學校，搭乘十點三十分的末班公車到大田火車站，再轉乘十一點五十分的火車，於半夜十二點四十分抵達鳥致院站，走了二十多分鐘的昏暗夜路回家。

路燈寥寥無幾的道路雖然漆黑，但那時候我的零用錢不怎麼寬裕，根本不用想要坐計程車。凌晨一點左右到家，我翻牆進屋後，就打開客廳的腳踏式縫紉機做我的作業，直到清晨第一班公車發車。天亮前媽媽問我：「咦？妳什麼時候回來？妳爸說妳要做實習作業不回家，妳怎麼會回家了？」我回：「爸這麼說嗎？他要我回家所以我就回來了。等等我就要出門了，學校的縫紉機比較好用。」

那天晚上爸爸看著我說：「那麼晚的時間妳還到處跑？」我回答：「你

不是要我回家嗎？你要我回家，我能不在那個時間回來嗎？我是因為有事才跟你說我無法回家，又不是有其他藉口。總之，我的作業順利做完交出去了。」媽媽說：「妳怎麼一句話也不肯退讓？妳爸爸是擔心妳！」我說：「我拿出正當理由，告訴你要在學校熬夜做實習作業，你就應該相信我，為什麼不相信我，不准我這麼做？這樣來回折騰，反而走了更多你要我們別走的夜路，這都是因為誰？你應該要相信自己的孩子。」爸爸雙眼盯著我的臉，說：「妳到底是像誰啊？」我笑著回答：「爸！還會是誰呢？像羊一樣溫馴的媽媽，還是倔脾氣的爸爸？」爸爸說：「我這輩子沒見過像妳個性這麼衝的人，誰要是娶了妳，八成沒好日子過！」

大三那年結束暑期聖經學校活動後，學校的天主教學生會正在籌辦，為期十二天十一夜的農村體驗活動兼暑期聖經學校課程，地點選在益山以畜牧業維生的村子，當地多數居民過去患有痲瘋病，痊癒的人們便在此落地生根。聖經學校預計在山區進行五天四夜的活動，剩下的時間則是到村子整理環境，因此實際待在村子的時間大約是一星期。

我拿好背包告訴爸爸我要出門了，爸爸卻打斷我的話，對我說：「妳不准去，妳當那裡是什麼地方啊？不知世間險惡，想去哪就去哪！我死都不會讓妳去！」

我隨即跪在客廳，爸爸從裡屋怒視著我，大力反對：「妳知道痲瘋病有多可怕嗎？再怎麼不諳世事，也不該這麼無知吧？叫妳念書不念書，這樣四處亂跑到底是想做什麼？絕對不行，妳今天出了這個門，就別想再踏進家裡一步！」乖巧的二姐說：「妳也真是的。」弟弟尷尬地在一旁看著，媽媽則是坐立不安。兩、三個小時過後，爸爸說：「妳背那個背包出去的瞬間，就不再是我們家的人，妳想怎麼做就怎麼做吧！」

爸爸似乎也累了，媽媽懸坐在客廳門廊邊說：「老公！她都跟人家約好了，不去怎麼行呢？」聽媽媽這麼說，爸爸氣得一時說不出話。爸爸撇過頭不願看我，於此同時，我拉著姐姐的手，伸直腿站了起來。

「好，我知道了。我會平安回來，請不用擔心。」

我揉了揉抽筋的腿，背起背包。爸爸沒有看我一眼，而媽媽跟著我到大門外，尷尬地笑了笑，小聲地說：「妳也真夠倔，要小心安全。」

結束為期十二天的農村體驗活動，回到家約莫是晚上八點左右，我推開大門經過院子說：「我回來了，平安回來了。」

媽媽打開裡屋的門，高興地說：「妳回來啦？吃過飯了嗎？」我把背包放在客廳，走進裡屋向爸爸行禮，他看著我擔心地說：「哎唷，曬得這麼黑，不說人家還以為妳從非洲來的。一個女孩子曬得這麼黑，真是。」我跪坐下來，接著說：「我平安回來了，你不用擔心。我很健康，參觀和學習的過程也很有趣。」爸爸不滿地說：「也不曉得妳有沒有染什麼病回來，居然還進到裡屋來？」我繼續說：「你這麼怕痲瘋病嗎？不用擔心，那裡沒有病患，全都是已經痊癒的人。爸你應該要相信女兒啊！別那麼愛操心。就算我曬得這麼黑，你看到我還是很高興吧？」爸爸回：「真是，就會胡言亂語。」媽媽則笑著說：「妳也真是的。快點去休息吧！」

父親總是為我的安危與幸福著想，然而那是屬於他的框架和標準，沒有商量的餘地。農村體驗活動、暑期聖經學校、和朋友的夏季、冬季旅行……，因為父親認為女孩子在外過夜不好，所以姐姐們從來不被允許外宿，但是我沒有放棄自己的計畫。姐姐們嘛嘴說：「喂！我們挨一次罵就放棄了，妳就是不懂得放棄兩個字，所以家裡總是吵吵鬧鬧。」

我知道，如果我想過完完全全屬於自己的人生，就不得不打破父親的想法與規範。

身為男生的哥哥，總是能自由自在地按照自己的規劃旅行、外宿，或是在深夜和朋友見面，然而身為女生的姐姐們，卻被禁止外宿和旅行。雖然父親認為應當要保護我們的想法並沒有錯，然而不論是當時還是現在，我始終認為，若是連同一家人間的約束都無法勇於突破，那麼在其他藩籬之中，又要如何戰勝桎梏？只要不是違反道德之事，誰也沒有任何理由去限制一個人的自由與選擇。

父親因為愛我，而希望我過著盡可能平凡與低調的女性生活，但是我用想法和行動來告訴他，我生活的方式，於我才是最好的選擇。如果我連爸爸都說服不了，那麼在圍牆外更加險峻的世界裡，我又能開拓什麼、爭取什麼？

結婚以後，一邊進入職場一邊獨自育兒時，父親說：「妳不在家帶孩子就好，非要自己找罪受。」生了兩個孩子，要攻讀博士時，父親表示：「雖然起步晚，但既然妳想念書，努力去做總會有成果。」而當我留下兩個孩子，獨自前往米蘭留學時，父親對自己的女婿，也就是我老公說：「她從來沒聽過我的話，想要做的事就會堅持，但說會回來也一定會回來。你會辛苦一點，但她這輩子沒服從過，我也沒辦法。不過不管結果如何，她總能有所成就。」

爸爸三十八歲生下我這個小女兒，與我鬥了一輩子都贏不了後，終於相信我自會闖出一番天地。

父母給予再多的幫助與自由，子女不願行動，便毫無用處，而不管父母砌的圍牆再高，一旦子女想要翻越，便沒有人能阻止得了。我的運氣很好，在典型的固執父親提高我戰鬥力的同時，有母親在一旁推我一把，助我翻越至界線之外，並為我加油打氣。

To my sweetheart

不論是當時還是現在，
我始終認為，
若是連同一家人間的約束
都無法勇於突破，
那麼在其他藩籬之中，
又要如何戰勝桎梏？

只要不是違反道德之事，
誰也沒有理由，
限制一個人的自由與選擇。

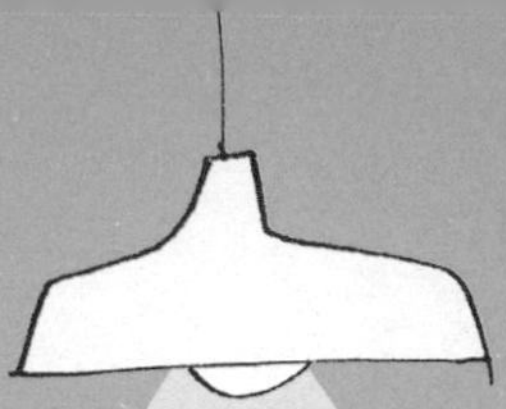

母親的忍耐 如同鯨魚憋氣

我盡我的本分生活，盡心侍奉公婆，如果連信天主都不能隨我的心意，那我活著要做什麼？正因為有天主的話我才能生活，正因為有祈禱我才能活下去，要是沒有這些，我要怎麼活？

母親是個臉上掛著淺淺微笑的人，然而就如那些被隱形枷鎖困住的人一般，她總是鬱鬱寡歡。對於我的要求始終只能沉默以對的母親，說她不鬱悶，那就是騙人的。

她愛我們這些女兒，卻對未來戶籍會遷至其他家庭的女兒，畫下隱形的線，當然她從來沒有將這些清楚地說出口，但那是條源於父權的堅固界線，即便母親想，也無法輕易跨越。再者，母親也只是循著那條線嫁進父親家，並恪守那條線的規範生活，就像母親的母親們、父親的父親們無數次謹守著代代相傳的這條線生活一樣。

媽媽一生，日出而作日落而息，然而每逢星期天早上，她便會急忙食用早餐，帶著裝有聖經、聖歌集、雪白彌撒頭紗的包包前往聖堂。在我記憶中，從很小的時候，媽媽就開始牽著我們的手去聖堂，望彌撒的時候她有時會落淚，有時也會一直瞌睡，分不清是在望彌撒還是夢周公。有時像是在撫慰心靈似地祈禱，發出連連嘆息，有時卻也會帶著滿臉的喜悅，像是一位幸福的人。

我覺得很神奇，做完彌撒走出聖堂的時候，媽媽總是很幸福。現在回想起來仍覺驚訝的是，做完彌撒後如此幸福的媽媽離開聖堂，向庭院裡的聖母瑪利亞致意的瞬間，往往又立刻變得悽楚，彷彿悲傷再次降臨於她的雙肩。

奶奶是個舀井華水[10]拜七夕的人，所以相當看不慣母親的信仰生活，經常唸叨她一個女人家在外面四處溜達。在奶奶教育之下成長的爸爸，也會苛責媽媽為何把自己賺的錢拿去奉獻給聖堂。

「我盡我的本分生活，盡心侍奉公婆，如果連信天主都不能隨我的心意，那我活著要做什麼？正因為有天主的話我才能生活，正因為有祈禱我才能活下去，要是沒有這些，我要怎麼活？」當父親指責媽媽的信仰生活時，媽媽在他面前總不發一語，微笑以對，只有在我們面前才會這麼說。

10 在韓國的七夕，有飲用井華水的習俗，用來祈禱伴侶和家人平安。

父親年過七旬，放下外面的工作回家後，兩老打理著屋前的小菜園，日子相安無事，然而有一天卻發生事端。媽媽因為聖母軍的聚會，沒為爸爸準備午餐就出門，因此爸爸將家中的聖母像與十字架全數砸毀。媽媽第一次大聲和父親作對，他們起衝突的那個週末，我和姐姐們回到娘家。

憤怒的爸爸坐在臥室裡，媽媽則一臉不幸地待在客廳，我問爸爸：「爸，你們是怎麼了？」

爸爸還沒消氣，咬牙切齒地說：「妳媽這一輩子奉獻給那該死天主的錢，都夠買兩棟房子了，現在這個社會又戒菸又戒毒，就是戒不了該死的上帝，這像話嗎？信天主能生出個錢來，還是能生出什麼嗎？我打拼一輩子賺錢給妳媽，她就這樣隨意揮霍，天天往那個聖堂跑。我說，一輩子拼死賺錢養妳，妳得照顧我啊！去什麼聖堂打掃、聖母軍的……。」

我對像機關槍一樣劈里啪啦大罵的爸爸說：「爸，你是想被迫離婚嗎？

你的財產有一半是媽媽的，而且媽媽還能因為受到你的宗教壓迫獲得贍養費。你別這樣，怎麼老了還要逼迫信天主的溫順媽媽呢？也該讓媽媽可以安心祈禱了吧？」

過去說公道話時，老嫌我吵的媽媽坐在客廳裡，默默聽著我的話，姐姐們則勸阻我：「妳別再說了，爸爸也是因為媽媽不在，自己一個人吃飯覺得難過嘛！會這樣也是因為愛媽媽。」

「我知道，我當然知道爸爸愛媽媽，可是既然愛她，就更應該要用寬大的心胸體諒、理解自己所愛之人喜歡的事物，為什麼要強迫媽媽呢？宗教自由是受到法律保障，就算爸爸的祖先復活，要求媽媽不能去聖堂，只要媽媽想去就能去，這便是宗教自由。爸，你又沒辦法拯救媽媽的靈魂，怎麼能叫人家不要去啊？」

爸爸呵呵笑了笑，我接著說：「爸！你仔細想想，如果我老公因為我的想法跟他不同就這樣壓迫我，那我就得忍受這一切嗎？我說有事要出門，我老公卻說我應該要幫他煮飯，而不讓我出門，我應該要認同他，然後過這樣的生活嗎？要是我遭受這種對待，你會開心嗎？一輩子順從的媽媽，也曾經是別人家的寶貝女兒，你不能這樣隨便對待人家。媽就是愛你才會一直忍到現在，因為真的太愛你了，你難道不知道嗎？」

「是啊！沒錯，媽非常愛爸爸。」在一旁聽著的姐姐們也出聲附和。

母親總是順從父親、尊敬公婆，一輩子彎著腰，恭敬地侍奉公婆。為了節省父親從外地辛苦賺回來的錢，她從未幫自己買過一件像樣的衣服，克勤克儉地培育我們五個兄弟姐妹上大學。媽媽唯一違抗的就只有信仰這件事。從結婚初期到父親去世為止，即便聽到爸爸說出「像鴉片一樣的宗教」這種狠話，她也從來沒有停止為爸爸禱告。現在想來，媽媽是透過信仰，與天主一起熬過現實的苦痛。

對媽媽來說，宗教是她唯一的「氣孔」，與外婆相依為命的媽媽跨越界線，進入宛如大海的婆家裡，而在這裡的新生活中，她唯一可以喘口氣的時刻，即是星期日上午的彌撒時間，然而就連這一點時間，都招來爸爸不滿。

媽媽展現了生命中可以妥協與不可妥協的事物，她用一生告訴我，有些固有的東西，對某些人來說是宗教、對某些人而言是工作，抑或思想的自由，是絕不容妥協的。父親想要抹滅母親的宗教信仰，最終以失敗收場。

我想起媽媽對爸爸說：「我盡我的本分，忍耐、節儉地生活，一個星期讓我見天主幾個小時也不願意，你還是人嗎？」媽媽雖沒能跨越儒家文化的界線，一生順從公婆與丈夫，卻始終堅守了自己的宗教信仰。

一想到母親的人生，像是隻鯨魚於陸地生活後進入海洋，便覺得難以喘息。然而同時，我卻也感到無限感激，因為母親在這番窒息的生活中，從未放棄過自己的信仰。

人生在世，總會有一些恰似鯨魚憋氣的時刻。每個人的人生都會經歷這樣的時間，也必須經歷撐過這一段時間的過程。媽媽展現了一生從未放棄，為爭取自己想望的事物，而堅守到最後一刻的態度，她雖過了艱苦的人生，卻如鯨魚般龐然而可靠。我心裡不知有多麼感謝當年那一個儘管沒能受教育，但與溫柔的外婆一起織著毛線，到了春天則因為喜歡採野菜，而提著菜籃子穿梭各個山區的少女，像是鯨魚一樣深深地憋著氣，讓我們得以安安穩穩地踏上界線，越界過生活。

To my sweetheart

人生在世，
總會有一些恰似鯨魚憋氣的時刻，
每個人的人生都會經歷這樣的時間，
也必須經歷撐過這一段時間的過程。

媽媽展現出了一生從未放棄，
為爭取自己想望的事物，
而堅守到最後一刻的態度。

她雖過了艱苦的人生，
卻如鯨魚般龐然而可靠。

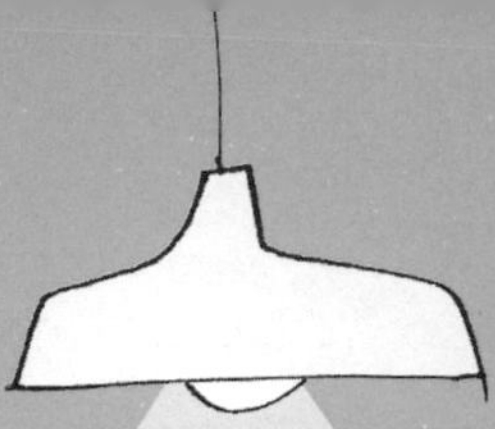

我怨自己是個女兒

我覺得很不甘心，你給了我那些東西，明明可以對我有所期待、有所盼望，但你總認為不能為難結了婚的女兒而保持距離，我真的非常受傷。

不論願不願意，子女總像父母親。也許是我完美繼承了父親的固執吧？父親老是感嘆，擔心脾氣如此倔的女兒嫁人後會吃苦，又或者會不會因為太過固執，而受到丈夫冷落，只能返回娘家。因此當我丈夫笑呵呵帶著彩禮前來迎娶時，他一邊為三女婿倒酒，一邊說：「你還不瞭解她，將來有你苦吃。」

父親從來拗不過我的固執，只要我想做、必須做，我便會立刻採取行動、伺機而動或是繞彎執行，無論如何都執意要做的性格，讓父母在養育我的過程中，好幾次心驚膽跳。不光是父母，就連一起生活的老公，也經歷過幾次心頭一驚的時刻。有時候老公會討人厭地說：「難怪岳父嘴裡說著『將來有你苦吃』的時候，嘴角還掛著一絲『你活該』的微笑，當時我被愛情蒙蔽了雙眼，沒能察覺出來。岳父身為過來人，一定非常清楚這種微妙的心情。」

從小到大雖然有過一些傷心事，但我對父母卻沒有太大的埋怨。結婚後更是不用說，每次回婆家後，總會對娘家充滿思念。當了媳婦之後，我才明白為何父母會那樣對待女兒。二〇一四年夏天，舉家準備到美國進修前的一個星期，我帶著剛進大學的女兒和國一兒子回娘家問候，父親祝福我的兒女，囑咐他們：「到更大的地方之後，要好好學習。」接著輕輕帶過一句：「妳要好好照料你們全家人。」老公在我身旁笑嘻嘻地說：「岳父！那當然了，您不用擔心，我們也相信她一定會照顧我們，才放心出發，她可是您天不怕地不怕的女兒呢！」

爸爸呵呵大笑，我說：「爸！你不用擔心！我會負起責任照顧他們的生活。所以你只要做好十月來美國的準備就行了。聽說秋季來旅遊正好，秋天可以去參觀大峽谷，再到華盛頓、紐約走走。」爸爸點著頭說：「是啊，當然要去了，不趁女兒在的時候去，我有生之年還有機會去嗎？託妳的福去了歐洲，也參觀了日本、中國，現在連美國都有機會去了！」媽媽接著說：「我還想說這輩子不曉得有沒有機會去美國呢！還好有妳，這下有機會去一趟了。妳要注意身體，好好照顧孩子們。」我搭上車後揮手：「爸！你一定要來喔，十月如果不方便，十一月也可以。我們會在那好好生活。」當時父親穿著白T恤短袖，右手高高舉在空中揮手，我做夢也沒有想到，這是我最後一次見到父親健康的模樣。

二〇〇三年我將兩個孩子託付給老公，去米蘭留學回來後的二〇〇四年，我曾帶著甫過古稀之年的父親與母親到歐洲的義大利、法國和英國三個國家自助旅行。仔細想想，綜藝節目《花樣爺爺》找藝人在遲暮之年踏上自助旅行而大受歡迎，我爸媽也算是在十幾年前，就和女兒率先體驗了。

這也是為什麼在我要前往美國進修時，爸媽會想起歐洲的自助旅行，說出「當然要去美國了。託女兒的福，連美國都有機會去了」的話，爸爸擁抱了他最疼愛的孫女和孫子，要他們好好學習，健康地回國，送我們離開後，在同一年的秋天被宣判得了肺癌。

電話裡，媽媽的聲音充滿憂心，爸爸則說：「別擔心！我接受治療之後，還要去美國呢！等春暖花開的時候，應該就能去了吧？」

到了十二月，爸爸接受抗癌治療，身體日漸衰弱，媽媽已經在做心理準備。一月底的時候爸爸病情突然惡化，被送進加護病房，我在二月中旬臨時回國探望爸爸。他躺在大田乙支大學附設醫院加護病房的模樣，讓我感到相當陌生。我是在二〇一四年八月一號出國，也才經過了六個月多一點，爸爸已經插著人工呼吸器，瘦骨嶙峋地躺在加護病房。

在好幾名病患當中，若是不看病歷上的名字，恐怕我還認不出他。瘦弱的父親胸口上下起伏著。其實我想不到要跟他說些什麼，看著父親的雙眼，我說了從來沒告訴過他的話：「爸！我愛你。」

這句對兒女和老公說過無數次的話，我第一次出聲告訴我爸爸。媽媽在一旁說：「女兒來了，老公，你睜開眼看看！」我握著父親的手：「爸，你不是很健康嗎？你還說要來美國，都說好要來了，怎麼能躺在這裡呢？」我在毫無反應的父親面前流淚，霎時意識到，有些話雖然晚了，但我一定要告訴他。

「我很謝謝你遺傳給我的固執，也謝謝你給我一旦決心要做，便無論如何也要做到的勇氣與自信。我知道你是因為愛我，怕我受傷而想要保護我，但我也知道，當我在跨越那條保護線而跌倒受傷的時候，也是你給我重新起身向前的力量。讓我打從出生起，就擁有勇氣與熱情的人正是爸爸你，謝謝你給了我所有身為父親應該給子女最珍貴的東西。我真的很愛你，對不起從以前到現在都沒有跟你說過我愛你，如果不是爸爸，我無法過上現在這樣的生活。」

媽媽站在一旁流淚，靜靜聽著。然而，我也不知不覺地說出心底話：「可是，爸！我很怨自己是個女兒，現在也還是覺得很不是滋味，作為女兒出生也不是我願意，但因為我是女兒，導致你對我的感情有所保留，我覺得很不甘心，你給了我那些東西，明明可以對我有所期待、有所盼望，但你總認為不能為難結了婚的女兒而保持距離，我真的非常受傷。」

回國第一天看望父親，說了怨自己是個女兒的話後，那天晚上我想了很多。當我口中無意識冒出那句話的時候，似乎也吐露了我內心巨大的悲傷。雖然是句不孝之言，但我很感激有這樣的機會坦白我的心情，也謝謝爸爸在最後傾聽我心中堆積已久的委屈，讓我可以自己消解這份不甘。

由於我臨時回國的時間只有三天兩夜，隔天我最後又見了爸爸一面。

再過三天就要過年，我探望父親，又跟他說：「爸，我真的很愛你，很抱歉從以前到現在，從來不曾看著你的雙眼跟你說我愛你。還有小時候讓你傷心的事，我也很抱歉，不過如果沒有經歷那些時光，我就不是我了，謝謝你總是用愛包容我，為我擔心。之前我的確怨自己是個女兒，不過現在我已經不難過了，我很高興自己是你的女兒，謝謝你讓我當你的女兒，能作你的女兒我很幸福。我要回美國了，再過兩天就是過年了，等過完年到了春天，你就要快點好起來，來美國看你最疼愛的孫女。我愛你，爸！」

我在爸爸的臉頰和額頭獻上我有記憶以來，第一次給爸爸的親吻，向他道別。

爸爸在我出了境，抵達美國家中的那一天過世。

隔天凌晨，我帶著家人又搭上了飛機。因為我不想要只是在加護病房流著淚跟他說我愛你、要他快點好起來，我希望能夠最後再見一次我親愛的父親，把我的心裡話誠實告訴他。

我覺得父母的存在，是為子女帶來許多子女不知道的禮物後便離開，各式各樣的禮物盒裡裝了什麼，只有我自己才知道、只有我自己能夠拆開來看，因此即便父母給了禮物，也只能在一旁觀看禮物如何被開啟。

父親在他人生最後一段路上，教給我一個道理：即使生活中遭遇的各種事情與零碎的紛爭，像是沙粒般鋪滿人生道路，然而能夠打開禮物，栽培它、讓它開花結果的人，終究只有我自己。最近我還是很想念父親。我想念那個用堅定嗓音說著：「女兒對公婆盡孝已經夠不容易了，還要照顧娘家父母的話，那該有多累？」的父親，以及我懷女兒六個月，挺著大肚子回娘家的時候，從院子裡的櫻桃樹上摘好一籃子櫻桃，露出燦爛笑顏的父親說：「妳喜歡吃櫻桃，所以我提前摘好了。這櫻桃又甜又好吃，妳多吃點。」

我希望「怨自己是個女兒」的這句話能夠成為過去式，畢竟沒有一個孩子，是出於自己的意願，而生為女兒或是兒子的，不是嗎？

To my sweetheart

我覺得父母的存在，
是為子女帶來許多子女不知道的
禮物後便離開，
各式各樣的禮物盒裡裝了什麼，
只有我自己才知道、
只有我自己能夠拆開來。

Chapter 4

希望妳可以過著盡情被愛的耀眼人生

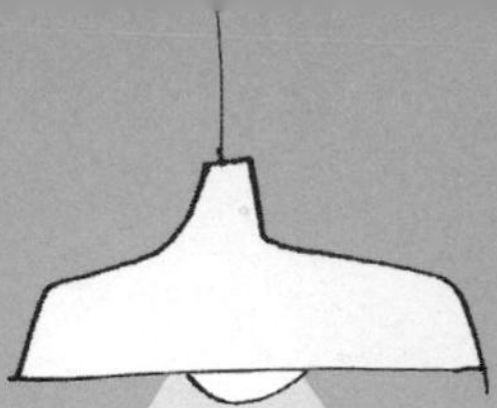

愛的技術

高空走鋼索會幫挑戰者掛上安全掛鉤，而且只要走幾百公尺即可結束，但是婚姻生活卻看不見盡頭，還要背著孩子、頭上頂著夢想，並以配偶為平衡桿。

什麼叫做愛的技術？既不是料理的技術，也不是生存的技術、戰鬥的技術，更不是育兒的技術，而是愛的技術。

大學一年級時，學生之間流行一本由埃里希・弗洛姆（Erich Fromm）[11]所著，名為《愛的藝術》（The Art of Loving）的書。讀了這本書，我領悟到，若想要真正好好去愛，便需要訓練，所以愛也是一種技術！而我也因為窺見實際的智慧而感到高興。我很喜歡作者富有科學性、哲學性的論述，以及「人類雖是動物，卻是擁有理性的社會性存在，因此需要技術去實現愛」的想法，並因此立志未來某一天愛人的時候，一定要使出渾身解數。

然後，我就忘了這份決心，因為在施展「愛的技術」之前，我得先發揮「戀愛的技巧」。

11 美籍德國猶太人，人本主義哲學家和精神分析心理學家。畢生致力修改佛洛伊德的精神分析學說，以釐清兩次世界大戰後的精神處境。

和丈夫交往、結婚後，我意識到真正需要愛情技術的時候到了。結婚時宣誓：「直到死亡將我們分開的那一刻，我們將互信、互愛和互敬，以守護家庭。」讓我感覺似乎將無止盡地去愛一個男人，尊敬他，且不停地施展愛的技術。現在回想起來，婚禮在看不到盡頭的人生道路上，充其量只是輕輕推開大門的門把，接著邁出一步而已，我們卻往往誤以為已經來到了人生的圓滿結局。不得不說，我自己也在不知不覺中，被無數童話故事的結局洗腦了。

理解一個人並愛著他，直至死亡將我們分開，絕非易事。一起生活了二十六年，我發現這不是「辛苦」、「困難」而已，而是「真的很棘手」。「互信」、「互愛」和「互敬」等美好詞彙的背後，隱藏著「忍耐」、「孤獨」、「痛苦」和「修行」等詞。

結婚只是宣示在名為家人的框架內，我們將親身體現「愛的技術」。我們雖然因為愛而結婚，婚姻卻非愛的同義詞。大學時讀過的《愛的藝術》，以及在通識課學到的辯證法，都在告訴我們世界上沒有不變的事物，連愛情也不例外。

愛情雖然看似甜美，實則不然，因為愛會成長茁壯，會轉移，也會流動，它甚至會轉化為欲望與嫉妒，乃至於消滅，絕對無法以幾個單詞定義。愛會滋長感情並透過肉體的交融，延續我們的下一代，也會自毀關係，如同變化無常的天氣，難以預測。

若是不細想，便會認為所謂「愛的技術」既是一件需要用上技術的事，那應該是我在為對方付出愛，然而經歷過二十六年的婚姻生活後，我發現這些付出其實都是「為了我自己好」，因此這門技術敷衍不得，也導致它變得棘手。它很自私，卻也不只是一般的自私。

有趣又弔詭的是，在愛情裡遇見一個人，結局是要讓自己開心，但是過程好壞卻取決於對方是否滿足喜悅、是否無憂自在。而真正光怪陸離的是，愛情技術的美德在於你要盡可能地施展，卻又不能讓它看起來單純是個技術。

為了躋身愛情技術大師之列，必須孜孜不倦地透過「實踐」與「鍛鍊」不斷鑽研愛的技術，卻得表現得像是從未鑽研過。所以說到底，愛的技術雖是為了我自己好而做的付出，到頭來卻也必須讓對方感到無比滿意，所以著實是相當棘手的難題。

讓所有人都高興，哪有這麼簡單？這就是婚姻——兩人因為相愛而結婚，卻很難讓兩個人都滿意，而且即便愛情消逝了，也無法一筆勾消。

為了愛自己而需要愛對方，為了認識真正的我，而需要認識對方，所以婚姻生活和不斷重複「因」（直接原因）與「緣」（間接原因）的佛教緣起論相吻合。何止佛教，就連耶穌也曾說「要愛你的鄰居如同愛你自己」（馬太福音22：39），難道丈夫會不如鄰居嗎？佛祖和耶穌都告訴我們「就算要愛自己，也要愛對方」，以及「要愛鄰居如同愛自己」，所以不論是想達到空（無）的境界，或是拯救靈魂（spirit），似乎只要愛著人生的伴侶——丈夫，就什麼都能實現，而且居然只要去愛就好⋯⋯。

因此在結婚的同時，我也下了很大的決心，好好愛著丈夫，展現愛的技術吧！因為這終究是「最強而有力的愛我自己的手段」。

想得還真簡單。但實際狀況中，婚姻生活可比在高空走鋼索還要困難。高空走鋼索會幫挑戰者掛上安全掛鉤，而且只要走幾百公尺即可結束，但是婚姻生活卻看不見盡頭，還要在背著孩子、頭上頂著夢想，並以配偶為平衡桿，走在瀰漫著濃霧而看不清前方的儒家文化之道上，比最高難度的高空走鋼索還要困難。

結婚後觀察著丈夫的世界，而且可以透過丈夫這面鏡子看到自己的世界，感覺很不錯。不得不承認，對我而言，結婚是理解人類的窗、實踐愛的平台，最後也是「掌握自己的門」。

過了大約二十六年的婚姻生活，我敢說愛真的需要「技術」。用時下流行的話來說，便是累積大數據，掌握自己的愛情經過了什麼樣的軌跡，同時藉由過去的經驗，找出還需要什麼樣的愛情小技術，歸納出現在必須著手解決的課題，並以此保障不久之後的未來。如果不曉得自己知道些什麼、不知道些什麼，或是不清楚彼此欲望的差異、程度和內容，那麼別說要實現愛情了，光是對現實的認知差異，就可能導致婚姻陷入危機。

婚姻無法單憑一句宣言、一紙結婚證書來成就。儘管離婚只需要一張離婚協議書，但結婚這件事，卻不是許下婚姻誓約就可以完成。

在婚姻中成為某人的女兒、某人的妻子、某人的媳婦和某人的母親之前，身為一個選擇愛情的人，我就只是個必須磨練愛情技術的人。即便現在回想，我仍然覺得所謂的婚姻，是我們為了竭盡全力、永無止盡地修煉愛情技術，而設立的一個最基本的空間，要把各自的空間打造成格鬥競技場還是雙人花式滑冰的溜冰場，或是只求速度的短跑賽道，抑或是考驗長時間耐力的馬拉松賽場，全視夫婦自己如何決定。

當二十五歲的女兒說她要結婚的時候，我不自覺地笑了出來。我想，以她的耐心和毅力，應該會比我更加激烈地鑽研愛的技術吧？

女兒：

我希望妳可以享受愛的過程。

如果可以，我希望妳的婚姻和愛情，不會是互相重擊面部而導致KO的格鬥競技；也不會是只顧前方，一心朝目標狂奔的短跑比賽，更不希望是跑到氣喘吁吁、疲累不堪的馬拉松賽事，而是一場展現彼此默契，擁著對方隨音樂舞出美麗舞姿的雙人花式滑冰。

唯一要注意的是，不要相信以誓約開始的婚姻。忘了那些把結婚描寫成結局的美好童話吧！因為在為愛走入婚姻的漫漫人生中，需要的是實際行動，而不是言語。

To my sweetheart

婚姻無法單憑一句宣言、
一紙結婚證書來成就。
儘管離婚只需要一張離婚協議書，
但結婚這件事，
卻不是許下婚姻誓約即可完成。

在婚姻中成為某人的女兒、
某人的妻子、某人的媳婦和
某人的母親之前，
身為一個選擇愛情的人，
我就只是個
必須磨練愛情技術的人。

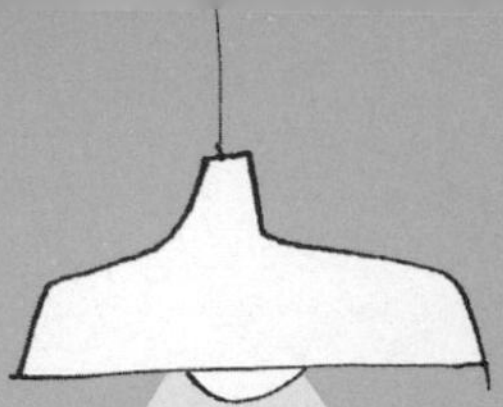

共浴是愛的對話

夫婦互相幫對方搓背的單純行為，讓我們能看見彼此最原始的樣貌，然而身為要白頭偕老的人，從背後看著對方的疲憊與老化，並不單純只是視覺上的事。

在大學工作一段時間後，有時候會針對特定的案子，進行兩天一夜的研習活動。針對校內懸而未決的議題進行發表與討論後，晚上會有一段自由活動與閒聊的時間，碰巧那時在二十多名研習人員中，留下來過夜的女性只有我一人。

用餐後，培訓中心會議室準備了簡單的飲料與水果，全體教職員就坐在桌前，聊著生活瑣事。當時第一個孩子出生不久，甫為人父的三十多歲職員說：「我從沒想過養育一個孩子會這麼辛苦。」坐在他旁邊，家中有就讀國小子女的四十多歲組長則說：「不過你這個時候還算好！等孩子再大一些，孩子的媽眼裡就只有小孩了！」而年屆五十歲後半的科長則說：「你們現在的日子正好！歲月如梭啊！我因為工作太忙，連孩子是怎麼長大的都沒印象。」年過花甲的教授出聲：「你們都身在福中不知福，這不就是人生嗎！」並喝光了杯裡的飲料。不過是單純的生活話題，也讓大家此起彼落地出聲應和，深有同感地低聲嘆息。

我正津津有味地聽著眾人的玩笑與對各自處境的傾訴，平常和我有些交情的三十多歲年輕職員向我問：「您覺得呢？」我便回答：「結婚後我也覺得很辛苦，不過可能是我一直都和我先生一起洗澡，所以順利挺了過來。」

我們這一桌陷入一小段沉默，所有人都瞪大雙眼，驚訝到說不出話來。我至今仍無從得知他們是對我太過坦白而感到驚訝，還是訝異我與老公共浴超過二十載。不知道他們腦中浮現出何種想像，不過剛才問我問題的職員，說了一句：「好羨慕。」而一臉頑皮的四十多歲員工說：「不是吧？妳們家人現在還會一起洗澡？我根本不記得……。」並搖了搖頭。一位即將年屆天命之年的教授紅著臉，翻了翻白眼說：「哎呀，怎麼現在還一起洗澡啊！多不好意思！」隔壁桌剛滿六十歲的教授則說：「真是聽到一件怪事了！」

於是我說：「共浴還可以互相幫對方搓背，不是很好嗎？我們不就是為了有個人可以幫忙搓背，才結婚的嗎？」結果沒有一個人回答我。

不論是他們還是我，似乎都未曾想過，當房間變多，可以隱藏的空間也會變多，迴避與受到冷落的空間亦會跟著增加。我們似乎都太容易遺忘，當家裡的空間越大、需要顧及的事情越多，夫妻之間就更應該透過共用浴室，分享彼此的生活。

浴室雖是家中最小的空間，卻具有良好的擴張性，相較於家中其他空間，它也是最人性化的空間。

我們說好婚後不論工作變忙，或是生活步調變得不同，都要找時間共浴。生了孩子之後，有一段時間我們都是三個人一起洗澡，老公當實習醫生的時期，我們會利用他一個月回家兩三趟的機會一起沐浴，而我在群山找到工作後，週末我們也一定會兩個人一起沐浴。即使孩子們長大了，我們夫妻也會在冬天大聲對孩子們說：「爸爸、媽媽要去洗澡囉！」再享受熱水澡。無論是傷了感情，還是因為公婆、岳父母或孩子們的問題而爭吵不休，我們都會一起沐浴，並幫對方搓背。

對我而言，各項愛情技術中，最具代表的便是沐浴。只要低廉的價格，就能用如此純淨的水洗去一整天的疲憊與灰塵，這樣的沐浴行為無法與丈夫以外的任何人分享，也是最簡單、最單純的愛情技術。沐浴既不需要技巧，也不需要寬敞的空間，更不須用上各式各樣的道具，所以沒有比這還要簡單的實際行動了。唯一需要的就是心，只要有一顆相愛的心就夠了。

夫婦互相幫對方搓背的單純行為，讓我們能看見彼此最原始的樣貌，然而身為要白頭偕老的人，從背後看著對方的疲憊與老化，並不單純只是視覺上的事。老公和我為對方搓背的沐浴時刻，就像餐後散步那般恬淡。

甫新婚時，二十多歲的老公尚未彎曲也不算窄的背上，有三顆厚實的紅痣。差不多到了三十歲後半，他的背上開始長出其他的小痣，隨著年紀進入四十多歲，那些痣開始擴散，宛如一幅十九世紀點彩畫派畫家的作品。看痣多了，我便問他是不是該點掉一些，他卻毫不在乎，反正看到背的是其他人，對他來說也沒什麼大不了。在四十歲後半，某個我倆都感到疲倦日子，我漫不經心擦著老公的背，心裡想，那些占據他背部的痣，也許都是疲勞化成的疙瘩。

夫妻共浴的效果，在兩人的想法完全不同時發揮了作用。

二〇一七年冬天，我們蓋了一棟房子，準備要打造庭院，我和老公不管是用餐、喝茶、抑或是洗澡的時候，都在煩惱該如何布置庭院。在沒有專家的協助下，要決定庭院的型態和植栽，比想像中還要困難。老公想要種植迎春花作籬笆，而我想要種植常綠樹——沖天刺柏（Skyrocket Juniper）；我想要種植草坪，老公卻想要在地面鋪上小卵石；我想要在院子中央搭一座小型的合成木平台，這樣的想法卻和喜歡小型花圃、不喜歡平台的老公相牴觸。

構思如何打造庭院的這一段時間，讓我們瞭解彼此對於在「家」這個空間裡想做什麼、期盼著什麼，以及如何度過時間的想法有何不同，也明白了各自喜好的植物、喜歡的空間有何差異。

到了必須決定庭院設計的最終時刻，我在浴缸放滿了水，接著加入平常少用，但充滿薰衣草香的沐浴鹽，我們便在浴缸裡達成了重大妥協。

我們協議圍牆的一半種植老公想種的迎春花，另一半栽種高兩公尺的沖天刺柏，並且在地面鋪上草皮而非小卵石，至於平台則挑選了最小的尺寸。不過，我們也決定鋪設草皮及除雜草的工作由我負責，而老公則負責偶爾對樹上肆虐的霉菌及蟎蟲噴灑藥物。這也等於我們協議，老公在未來庭園的照顧工作上，只須付出最低程度的努力，而我則必須為自己的想望，讓雙手沾染塵泥。

結婚滿二十六年，我們其實也不過是一對常常誤以為自己很瞭解對方，在同一空間裡過著不一樣的生活，卻始終陪伴彼此，共浴第二十六個年頭的夫妻。值得慶幸的是，我們擁有浴缸這個可以達成妥協的空間。所謂夫妻，是可以為彼此擦去積累在背上，連自己也不曉得的孤獨與悲傷的關係，而浴缸則提供了一個空間，讓我們可以更有彈性地確認彼此想法相異之處。

共浴了二十六年，我們達成妥協的可不止庭院的事。在我結婚生子，想進入職場的時候；在我工作一段時間，想要進修博士後課程的時候；在我攻讀博士學位，生了兩個孩子但想去義大利留學的時候；在老公必須照顧剛滿週歲的次子時、在我們成為週末夫妻，老公必須獨自看顧兩個孩子時，這所有過程當中，我們夫妻作為彼此的愛人、彼此的人生摯友，在這最狹小的空間裡為對方搓著背，理解對方並互相妥協，所以共浴是很值得身體力行到人生最後一刻的事。

女兒：

不要在妳如花朵般美麗的背上肩負起孤獨。

不被愛人擦拭的背、逃避無數對話的背，那都是愛的缺失與寂寞，所以用愛的沐浴，為彼此洗去背上所擔負的苦惱和生活的疲勞吧！

To my sweetheart

夫妻
作為彼此的愛人、彼此的人生摯友，

在浴室這最狹小的空間裡
為對方搓著背，
理解對方並互相妥協，
所以共浴是很值得身體力行到人生
最後一刻的事。

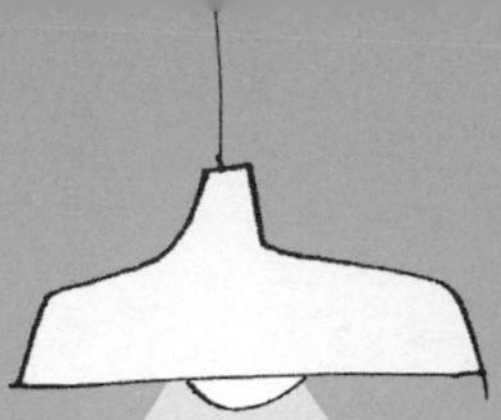

夫妻的世界

成年的孩子們居然如此尊重父母，並希望我們幸福！這也只有在即使世界改變，也永遠不會改變的父母子女關係中，才有可能。相較之下，夫妻關係是何等脆弱！

二〇二〇年的電視劇《夫妻的世界》中，李泰伍因為高喊：「陷入愛河不是罪吧？」而受到全國觀眾的厭惡。

這句話深深烙印在我的腦海中，他說得沒錯，愛情是罪嗎？不是的。愛情需要經過什麼資格審查嗎？也不用。愛情是想要阻止，就能阻止得了嗎？並非如此。正如同朱利安・巴恩斯（Julian Barnes）曾主張：「要是能控制，那就不是愛情了。我不知道該稱它什麼，反正不是愛情。」我們哪有能耐阻止愛情呢？你問我明明有一個正常的丈夫，好端端地為何要談論愛情？這個問題沒有意義。陷入愛河、渴求愛情都不是罪，因此若有兩個人相愛，不論他們身在何種處境，只要不作奸犯科，就無法隨意說他們有罪。

打破法律上的愛情誓約會成為犯罪嗎？如果說這是犯罪，那麼因為愛情變質而愛上別人，走向離別的無數離婚男女，就是罪人與犯罪的被害人嗎？許多離婚的男男女女，其實也不過就是我們生活周遭，那些在生活中動搖，相愛而又失去愛的平凡人。「離婚」只表示一種人際關係的狀態，僅此而已。

愛的產生與消失怎麼能說是罪呢？我問了老公的想法，他說：「沒錯，愛不是罪。問題出在他的為人處世。」李泰伍的罪，應該是他不曾好好告訴妻子，自己已經愛上其他女人，並且想要利用這層關係，得到經濟上的安穩。我隨口對老公說：「如果你愛上別人，要早點告訴我。不要以後才說『你不是說愛不是罪嗎？這不是你說的嗎？』」老公一聽，大笑：「那當然！既然愛不是罪，我當然會理直氣壯地告訴妳，妳別擔心！」

話說得理想，但若是真的發生這種事，我說不定會氣得直跳腳，甚至站在他公司前舉牌抗議一個月呢！或許是因為這件事未曾發生在我身上，我才能如此輕鬆以對吧？

新婚初期，我們將彼此的誓言視為理所當然。然後，我和老公笑著約定，如果失去了愛意，要馬上說出來；若是愛上他人，也要立刻告知，而財產則依照法律規定處理。至於子女則由決定扶養的人好好養育，而另一方須負責給予育兒費用。

幾年後，我問老公：「如果我們的愛情冷卻了，你會怎麼辦？」他回答：「這是不可能發生的事。」

結婚第十年時，他卻說：「就是說啊！該怎麼辦呢？如果我們變心了……。」

後來，大概結婚十五年時，因為財產都在我的名下，他便說：「如果離婚，我會成為兩袖清風的窮光蛋，所以我不可能會離婚。」

到了結婚二十年時，老公悄悄問我：「妳會將財產五五對分嗎？」

接著在婚後第二十二年時，因為蓋了房子需要取得權狀，他便向我這個地主請求同意，問我能否把房子登記在他名下，並且說：「我身無長物，至少得擁有一棟房子。」

老公在《夫妻的世界》播畢後，喝著茶向我問，如果我們離婚了，財產是不是真的會五五分，我聽了不禁大笑。我突然意識到，對於孩子都長大成人的夫妻來說，若是沒了愛、沒了感情，該整理的也只剩下財產，心裡不免有些苦澀。我對老公說：「如果離婚就照法律規定走，財產各分一半。孩子也都大了，不必為了多爭什麼而吵吵鬧鬧，太麻煩了。」

結婚二十三週年時，我們的兩個孩子說：「爸媽過得幸福最重要，如果覺得一起生活很辛苦，那就各自去追尋自己的幸福，不要擔心我們。」在對卒婚[12]、老年離婚和分居大驚小怪，認為婚姻生活應講究道義的洪流之中，兩個孩子卻對我們說：「爸媽過得幸福最重要。」

我很高興他們對於子女與父母間的關係，如此有信心，相信無論父母如何生活，這段關係都不會受到任何形式的破壞。成年的孩子們居然如此尊重父母，並希望我們幸福！這也只有在即使世界改變，也永遠不會改變的父母子女關係中，才有可能。相較之下，夫妻關係是何等脆弱！

12 日本作家杉山由美子在二〇〇四年於《卒婚：不離婚的幸福選擇》一書中提出「卒婚」一詞，意指長久一起生活的夫妻不解除婚姻關係，而能享受人生。

即使是共度一生的夫妻，兩人的生活也不會比個人的幸福重要，因此，經營夫妻的世界並不容易。所謂夫妻的世界，不正如盤根錯節的蓮花池，由無數以愛包裝的欲望交織而成嗎？如同蓮花池，夫妻的世界雖也有濃郁的蓮花香氣，其根部卻得生長於混合了各種成分的汙泥中。

然而，幸好我身處在能夠毫無保留地展現自身欲望的夫妻世界裡，讓我不但可以直視對方的欲望，同時也能如實展現自己的欲望。欲望並不如想像那般簡單，因為不論是何種欲望，欲望較強者往往會消費欲望較弱者。

更何況，愛與欲望相似而又不同，界線並不分明，而愛與尊重的界線也同樣模糊不清。丈夫嘴上說是愛，在我眼裡卻像是個人欲望，那麼這究竟是愛，還是欲望呢？如果兩者皆非，那會是夫妻關係嗎？界線的界定猶如抽刀斷水，既無法一刀劃清，也「刀」過水無痕，即便身體知道、腦袋也清楚，卻因為沒有形體只有感情，而只能曖昧模糊。

當然，長久累積下來，我們便知道那究竟是愛還是欲望，即使沒有說出口，當事者也了然於心。蓮花不會四季綻放，而蓮花田也非總只有蓮葉茂盛，它們不過是在適當的時機，長出蓮葉、開出蓮花、花謝結子，生存著罷了。

《夫妻的世界》播畢後過了幾天，我對正要上班的老公說：「如果你有什麼未竟之志，直接說出來吧！只要是能力所及，我會幫你實現。」然後，老公對我微微一笑。夫妻的世界是一個始於愛情、直視欲望和消費欲望，並獲得愛情的空間，所以夫妻世界的經營著實不容易，卻也因此而更加迷人。

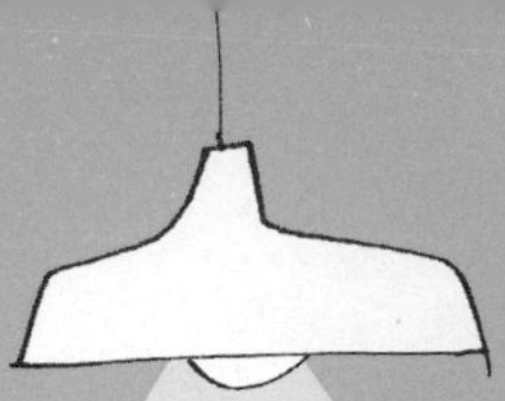

妳只管負責生，我這個爸爸會負責帶

只要有決心，自然會將照顧子女視為自己的份內之責。如同在職場一樣，不需要區分是誰的工作，既然孩子是家中最珍貴的寶貝，那麼爸爸為什麼不能照顧孩子呢？

當長女四歲，我的年紀也將近三十五，公婆開始心急了。他們對我說：「男也好，女也好，無論如何都要生兩個。」並替我預約了知名的韓醫院。當時我一邊上班，一邊兼課，還要獨自育兒，身體只有疲倦兩字可言。年近七旬的韓醫師為我把脈，說：「妳的手腳冰冷，子宮虛寒，需要服藥補身。」又看著我的雙眼說：「妳的神經過於緊繃，請多保持輕鬆的心態，這點是最重要。」一週後，公婆帶著補藥來到我們位於大田的家。他們帶了為實習醫生兒子準備的藥（補精養氣），以及帶有明確目的、專為我準備的藥（易受孕的藥。只是無知的我，也不曉得這種藥是否真的存在，還是人們一廂情願地如此相信？）。另外，他們也幫我列了一串服用補藥期間應忌口的飲食清單，並千叮嚀萬囑咐，要我務必按時吃藥。

我很感謝他們，然而收下補藥後，心中彷彿吹進一陣冷風。「吃了藥就能懷上孩子嗎？」「若是如天注定般懷上孩子，孩子會健康嗎？」「大女兒是剖腹產，第二個孩子勢必也得剖腹，一切會順利嗎？」「我會健康嗎？」「照顧兩個孩子之餘，我還能工作嗎？」這些想法一個接著一個浮現。我常常想起老公友人的妻子，在生產時不幸過世。雖然已經說服自己三十四歲正是「懷孕的時機」，但當真的收到補藥的時候，卻覺得自己處境淒涼，只能惆悵地嘆了口氣。

驗孕棒上出現清晰的兩條線時，我對老公說：「真的懷上老二了，好開心！我本來還擔心，都決心備孕了，卻一直懷不上該怎麼辦。」老公嘆著氣說：「太好了。不過，我很擔心，因為妳又得動手術。生老大的時候，妳是剖腹產，現在又有些年紀了，自然產應該會有困難。」我莞爾一笑，對他說：「最糟不就是死亡而已嗎？總之，我們有第二個孩子了，以現階段來說算是成功了吧？」老公聽到我提起死亡而大吃一驚，我接著問：「不過，萬一第二個孩子又是女生，爸媽會不會叫我再生一個？你也知道他們對孫子有多執著……。」老公回：「別擔心！妳也有些年紀了，而且我媽那個年代，大家都生五、六個孩子，她自己卻因為覺得太辛苦而只生了兩個，所以她不會這麼狠，要妳繼續生。妳先好好休息。」

懷孕第五個月，與老公熟識的婦產科醫師前輩看著超音波說：「這小子像爸爸，額頭寬，長得很帥呢！」接著看向身旁的老公說：「你說過老大是女兒吧？你爸媽一定會很高興！」我望著老公的雙眼說：「老公，老大都是我在照顧，所以我希望老二能由你來照顧。」已是實習醫生第三年的老公，帶著欣喜的眼神回：「好啊，這有什麼難的？」我輕聲對他說：「我會先親餵母乳，在你當上專科醫生之前，都由我來照顧，之後就交給你了，包括幫孩子洗尿布、消毒奶瓶和整理衣服等等，都由你負責。你之前沒什麼照顧孩子的經驗，二寶出生後，總得試試看吧？」老公正處於興奮中，回說：「這是當然。別擔心，妳只管負責生，孩子我會負責帶。」

剖腹生下二寶後，我開始哺育母乳。兒子作息日夜顛倒，有整整一個多月的時間，到了凌晨四點雙眼都還炯炯有神，因此我的月子並不好坐。兒子在一月出生，我坐月子兼放寒假，到了三月便開始重回學校講臺，並開始打版家教班的授課。我在家附近租了一間辦公室，每天餵完母乳後，便會趁空到辦公室工作一小段時間。心胸寬厚的保母阿姨會在清晨來到家裡，幫我照顧兒子和女兒一整天，而我則賺取足以聘請保母阿姨和經營辦公室的費用。

在兒子的週歲宴後，老公成為了大學附設醫院的緊急醫學科教授級醫師，而我則開始了博士課程。娘家的父母為了慶祝老公就業，提議舉行家族聚會，於是我們便帶上奶瓶和尿布、孩子們的衣服，前往位於烏致院的娘家。姐姐們看到我兒子，都說和爸爸是一個模子刻出來，非常疼愛他。

吃晚餐的時候，我對家人們說：「老大是我照顧，所以老公說老二他會負責帶。」娘家的父母以為我在開玩笑，呵呵作笑，而姐姐們則說：「這哪有嘴上說得那麼容易？他現在當上大學附設醫院的教授級醫師，光是上班就夠辛苦了，應該是妳要照顧吧！」我回應：「我也是一邊上班，一邊獨力照顧女兒，作爸爸的人，怎麼會做不到？沈清[13]他爹也是育兒爸爸啊！哪有什麼辦不到的道理？而且我也要開始攻讀博士課程了，老二讓爸爸照顧，不是很好嗎？」姐姐們則反駁：「拜託，沈清是因為喪母，才會和父親相依為命，妳還活得好好，為什麼要讓工作辛苦的人做這種事？」於是我說：「姐姐們！育兒不是女人的工作，而是父母的工作，況且以前我老公忙於實習醫生的生活，經常不在家，根本不知道女兒是怎麼長大！」老公附和：「的確不知道，因為我不在家，所以我都不知道！」接著又笑著說：「總會有辦法，我總不可能撒手不管，對吧？」

當晚，兒子在十點喝足了牛奶便睡著了。凌晨五點，兒子開始吵著要喝奶，包括爸媽在內的十八個人（大姐家四個人、二姐家四個人、哥哥家四個人、我們一家四口，再加上父母兩人）正在娘家的獨棟平房裡熟睡。當所有人

13 沈清為韓國民間故事中《沈清傳》的角色，從小由盲父沈奉事撫養長大。

都在夢鄉時，我被兒子的哭聲吵醒，老公卻反應一點也沒有，於是我試著叫醒老公。約莫過了十分鐘，大姐睡眼惺忪地醒來，走到我身邊搖醒我，我又再次嘗試叫醒老公，他卻似醒非醒，轉過身繼續睡。

兒子哭鬧了二十多分鐘。二姐和媽媽來問我，為什麼不餵兒子喝奶，我回答：「妳們去睡吧！我老公會起來餵。」二姐對我說了一句：「妳也真是的！」然後便回房去了。媽媽則問我說：「奶瓶放在哪裡？」我回答：「媽！孩子肚子餓哭鬧，不會出什麼大問題。我老公會起來餵，他只是沒有經驗才會這樣。」媽媽瞅了我一眼，也回自己房間去了。我又再次搖了搖熟睡的老公，並說：「老公！孩子在哭，你快起來餵奶。又不是多困難的事，怎麼會叫不醒呢？」老公這才搞清楚狀況。揉著眼睛起床的老公，在半夢半醒間，讓兒子含住了奶瓶。就這樣，老公在全體娘家家人面前，完成了育兒爸爸的入門儀式。

越是努力過職場生活的人，越容易誤會一件事，亦即誤以為「如果少了我，這家公司就無法運作」。

一般來說，沒有什麼問題的公司，或許會在你走後突然意識到你的重要性，卻不會因此而倒閉。一個健康的組織就如同生物，會憑藉著組織內的成員各自分擔工作，而存活下去。家庭更是不必說，只要有決心，自然會將照顧子女視為自己的份內之責。如同在職場一樣，不需要區分是誰的工作，既然孩子是家中最珍貴的寶貝，那麼爸爸為什麼不能照顧孩子呢？不論年紀是大是小，也不管是男是女，只要認為這是我必須養育的孩子，就算睡不飽、就算被各種壓力折磨，或是過著被時間追著跑的生活，也有辦法照顧孩子，並非因為是母親、女人才要負責扶養，任何人都可以養育孩子。任何人都可以擁有決心，而且只要孩子健康、正直地成長，那麼不論是由組織、他人、祖父母、單親、母親或父親來負責扶養，又有什麼關係呢？

現在兒子已經長大，我在和老公喝咖啡時，問了他這個問題：「你以前照顧兒子時，體驗到的只有辛苦嗎？」

老公撫摸著咖啡杯，回想起望著自己喝牛奶的兒子，說：「這個嘛……

的確還滿辛苦！不過，也很幸福、很高興！」接著老公說：「妳去米蘭的時候，有一次孩子發燒，我餵他吃了布洛芬[14]後，整夜都抱著他。當時怎麼沒有想到要帶他去掛急診，吊點滴呢？像個傻瓜一樣。抱了一陣子，想把他放回床上，他又因為高燒不舒服而開始哭鬧，我只好整晚抱著他，真是個笨蛋！」於是，我便對老公說：「就是說啊！身為緊急醫學科教授又有什麼用？無法學以致用。這就是人生，也是經驗，無法從別處學到！這是我們兒子在成長過程中教會你的。」

我很慶幸女兒是看著爸爸抱著弟弟餵牛奶的模樣長大，親眼見證了活生生的「育兒爸爸」案例。因新冠肺炎肆虐而待在家裡的高中生兒子，每到吃飯時間，都會和爸爸竊竊私語聊著電腦與世界大事。如此看來，不管是「育兒爸爸」還是「育兒媽媽」，都是一段很好的經驗，也是幸福的學習。

---

14 一種非類固醇消炎藥，常用來止痛、退燒、消炎。可用於治療經痛、偏頭痛，和類風濕性關節炎。

To my sweetheart

如同在職場一樣，
不需要區分是誰的工作，
既然孩子是家中最珍貴的寶貝，
那麼爸爸為什麼不能照顧孩子呢？

不論年紀是大是小，
也不管是男是女，
只要認為這是我必須養育的孩子，

就算睡不飽、就算被各種壓力折磨，
或是過著被時間追著跑的生活，
也有辦法照顧孩子。

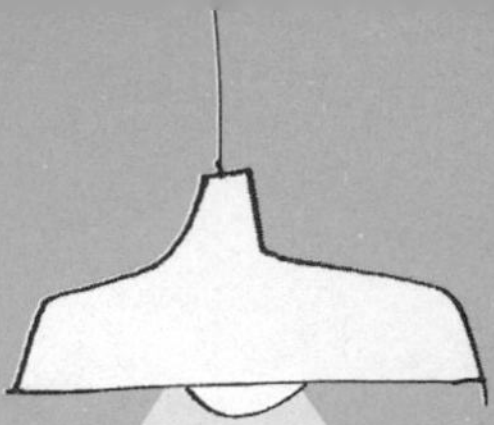

丟下兩個孩子去留學，妳是想要離婚嗎？

我並不需要取得老公的同意而活，我自己的人生，怎麼會需要別人允許呢？夫妻應該要互相尊重、體貼對方。我只是認為，現在是我需要受到尊重的時候。

二十多年前的職場生活雖辛苦，卻也學習了許多。我曾任職於製作機車騎士服，並出口至歐洲、美國與日本的公司。設計師在用於保護性命的衣服上，添加了各種加強安全與機能的設計，而客戶則觀察著國際經濟，計算出單價，讓我不得由衷讚嘆，心想：原來真正的企業家在掌握金流動向的時候，就像呼吸一樣自然。不只如此，製作樣品的阿姨們展現出毫釐不差、近乎神技的裁縫技巧，剪裁科長也展示了彷彿機器切割般的剪裁技術，當時還是傻乎乎職場新鮮人的我，邊讚嘆著他們的技術與經驗，邊學習工作的方法。

德國、英國和荷蘭的設計師與客戶，時常拿著義大利品牌的服裝來公司拜訪，並要求我們設計出像義大利服裝一樣的版型。每當聽到歐洲的客戶和設計師，對義大利的打版設計讚不絕口，我就會對過著實習醫生生活，偶爾才回家的老公說：「我實在太好奇義大利打版設計了。」老公心不在焉地點了點頭，我試探性地問老公：「如果我懷了孩子，生下孩子且結束母乳餵養後，可以去義大利留學一年嗎？」

老公噗嗤笑了一聲，說：「那也要妳先懷上孩子吧。等妳懷了孕、生了孩子，而且孩子滿週歲後，妳就去留學吧！到時我應該也結束實習醫生生活，我會去工作賺錢，妳就去讀妳想讀的書。」

老公應該是認為：說得簡單，孩子哪有那麼容易懷上。說是這麼說，等孩子真的生下來，妳有辦法丟下兩個孩子，到其他國家留學一年嗎？並且同時覺得，反正這些都是很遙遠的事。他說出的話語，如羽毛般輕輕飄落在我身上。老公不以為意說出的那句話，對他來說可能輕如鴻毛，聽在我耳裡，卻有重如泰山的份量，並被我深深收藏在心中。

兒子週歲宴三個月前，我參加了博士課程的考試。壓榨著已經不太靈光的腦袋努力讀書，我這才領悟到為什麼長輩總說讀書要趁年輕。公婆對我說：「輕鬆地講講課、教教打版設計就好了，何必讀什麼博士？」

我在兒子週歲宴時，對老公說：「博一上學期結束後，我想要去義大利留學一年。」

老公大吃一驚，對我說：「真的嗎？妳真的要去義大利？那我和孩子們怎麼辦？尤其是兒子該怎麼辦？」

「你不是要我生完孩子，有機會就去試試看嗎？我覺得現在就是機會，不然過了博士班一年級，之後應該會更困難。」

老公用憂心忡忡的雙眼看著我說：「是啊！博一下學期去留學是最好的選擇。」

娘家父母聽了我的話，則是氣到語塞。媽媽把我叫到廚房餐桌前坐下，並對我說：「妳是想要離婚嗎？妳打算丟下兩個孩子去留學？孩子健康順利地生下來了，妳老公也終於當上大學附設醫院的教授，那個家還有什麼可挑剔？妳為什麼要這麼做？妳就邊照顧孩子，邊讀妳想讀的書，再去講講課，這樣不就好了嗎？」

媽媽又擔憂地說：「這樣你們很容易離婚，而且兩個孩子也會被搶走。」我則笑著對她這麼說：

「媽，孩子是我生的，就算世界改變，或是我死而復生，也改變不了他們是我孩子的事實。而且如果我老公變心，代表他這個人不過爾爾，他的心要是真的這麼容易動搖，那不如現在變一變還比較好。如果我連這點自信都沒有，還要怎麼生活？我想要去留學一年。」

媽媽露出慌張的眼神說：「妳真的是……天不怕地不怕啊！」

吃完晚餐後，爸爸當著老公的面，看著我說：「妳真是不知天高地厚。也是啦，妳都已經嫁出去了，如果妳老公同意，我又怎麼能干涉妳？」

「爸，你放心，我並不需要取得老公的同意而活，我自己的人生，怎麼會需要別人允許呢？夫妻應該要互相尊重、體貼對方。我只是認為，現在是我需要受到尊重的時候。」

聽了我的話，媽媽輕撫著我的背，並對我說：「妳也真是的！」

一週後，公婆來到大田與我們共進晚餐。婆婆對我說：「妳一定要去義大利嗎？那孩子誰來照顧？」

「當然是我和媽來照顧啊。」老公說。

聽到老公的回答，婆婆瞠目結舌，並接著說：「不是吧？孩子應該要由媽媽照顧才對。爸爸怎麼能……這哪有像說的那麼簡單？你現在也要去醫院上班了。到底是要去學多了不起的東西？妳也才剛生完孩子不久……。」

老公回應：「這一年我要值夜班，白天的時候保母阿姨會過來，所以媽只要幫忙顧晚上就好。」

「我沒有力氣，而且什麼都不會，如果保母阿姨可以過來把打掃、洗衣、準備小菜的工作都做好，我晚上應該可以簡單幫你們顧一下。」婆婆說。

老公心裡覺得不舒服，於是帶著陰沉的表情如是說：「媽，妳不是說孫子出生後，會幫忙照顧嗎？現在妳可以如願盡情照顧了。」

「當然應該要由老公來照顧了，再請保母阿姨幫忙就好。我知道媽很會照顧孩子，不過請您幫忙監督他吧！」我說。

後來婆婆妥協，說她這一年晚上可以幫忙帶寶貝孫子睡覺，也不再露出不悅的神色，真是太好了。

那天之後，我便開始準備留學，除了準備入學申請書、簽證申請資料，再加上簽證面試之外，我還買了義大利語字典和附贈錄音帶的義大利語學習書，從第一頁開始背誦到最後一頁。最後，我買了一張機票，並找好在義大利要住的房子，然後在老公的鼓勵下做好萬全準備，出發前往米蘭。

結婚七年來，我從未對公婆回嘴過。老公總是對我說：「儘管相信我，妳的身邊有我在，不管妳想做什麼，我都會讓妳去完成。」那也是七年來，我第一次對公婆這麼說：「爸、媽，我真的很想去留學，如果兩位願意幫忙，我會很感激兩位。」

老公在機場送我離開，並且對我說：「注意自己的健康，不要擔心孩子，我會好好照顧他們。如果需要什麼，就馬上跟我聯絡。別跟我說要留在那邊工作就好。」

生活中，有時需要以行動來回覆話語。而用行動扛起話語重量的人，才是最真實。之所以有許多甜言蜜語隨著時間，如風而逝，就是因為那只是空話而已。所以，我真是個受到眷顧的妻子和媳婦，因為我有個會用實際行動扛起話語重量的老公，還有一對生下如此帥氣兒子的公婆。不論如何，這不就是把數年不等價的婆家生活，一舉轉為等價嗎？婆家生活的不等價，一口氣轉變為等價的瞬間，我並沒有錯過！

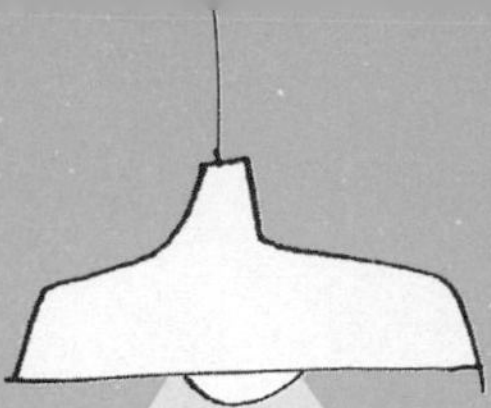

夫妻爭吵，是發現差異根源之道

相對的幸福？這是誰決定？只要我覺得幸福、滿足就好，怎麼會想要透過與別人比較、評價我的幸福？這是哪來的想法？

大概在兒子八歲的時候，有次深夜，我們夫妻兩人倒了乳白色的馬格利米酒，在玻璃杯中對飲用。

老公和我同時喊出：「真暢快！」並喝光杯中的酒。約莫喝了兩、三杯後，電視裡開始靜靜播放著亞馬遜地區部落瀕臨消失的故事。畫面中，基督教財團在該部落生活的小村莊裡，建造起教會與學校。

一名原住民女人的臉龐填滿了整個畫面。女人脖子被拉長，身上穿著破破爛爛、線頭鬆脫的T恤，看起來十分無力。她的臉上布滿皺紋，像是萬念俱灰與不幸刻畫出的痕跡。那無力的嗓音、眼神，和褪色、鬆脫的T恤一起出現的女人，微妙地把原本的彩色畫面變成了黑白。她訴說著平和的村子、孩子們天真的笑聲已消失許久，在那短暫的瞬間，她交織著憤怒與怨恨的眼神，透過鏡頭傳遞到我們眼前。村裡的居民四散各地，孩子們全都為了賺錢而離開，只剩下還需要父母照顧的年幼孩子，在採訪期間，閃爍著黑色的大眼，遊蕩在那名女人身邊。

擔任旁白的知名藝人用平靜的嗓音問：「這是為了誰而進行的開發？」平淡地訴說森林的破壞、統一的開發、小型部落的解體、教會與學校的建設，並詢問：「這是為了誰做的事呢？」雖然無法得知這是對我、對他自己、對宗教團體，或是對亞馬遜部落提出的問題，但是他的嗓音非常平靜。

我像是在自言自語似地說：「學得越多，就會越幸福嗎？體制內的教育和宗教是幸福的標準嗎？」聽到我無意說出的這段話，老公瞪大雙眼說：「幸福也有分階段。我是指相對性的幸福，不是絕對性的幸福。如果以十為幸福的標準，那些人只知道二的幸福，而滿足於二的幸福，應該不能說他們百分之百幸福吧？」我喝光杯裡的馬格利米酒後，對老公說：「相對的幸福？這是誰決定？只要我覺得幸福、滿足就好，怎麼會想要透過與別人比較、評價我的幸福？這是哪來的想法？」

紀錄片結束了，我們卻氣沖沖地提高了聲音。我們夫妻很少吵架。不論是孩子們的教育問題、婆家問題、娘家問題或工作問題，我們都認為有各自的立場，所以不曾為此爭吵（政治問題除外）。不過，在瞭解彼此對於幸福的想法不同後，我們就像火山爆發一樣拉高了嗓音。

婚後十三年來，我第一次知道我們夫妻之間有何不同。發現了思想深處看世界的眼光以及對幸福看法的差異，這不是件簡單的事。我很好奇，為何會發生這種根本性的視角差異？以及藏在其根本的哲學理論是什麼？

每當我和老公之間的想法出現歧異時，我總覺得如鯁在喉，直到二〇一六年，我讀了金容沃，筆名檮杌的《中庸：人類最高的智慧》。也許是因為如此，讀這本書時，我感到很高興，彷彿我可以親手拔出這根刺。

為了在教堂結婚而接受為期兩週的速成教理教育後，受洗成為教徒的老公，站在耶穌黃金律的角度，根據「因此在任何事上，你們希望別人怎樣對待你們，你們也應當怎樣對待別人」（馬太福音7：12；路加福音6：31）這句教誨看世界，而我則用孔子說「己所不欲，勿施於人」的角度，觀看這個世界。

我和老公生活的時代，由各式各樣的宗教、思想、哲學與文化交織而成，所以我們究竟是以什麼根據來思考、行動，連我們自己也無從得知。

我對老公說：「老子曾說過『不要去愛人！如果愛人，一定會創造、建立、施捨、感化，並產生恩惠與力量。如果創造、建立、施捨、感化，便會破壞萬物原本可以實現自我的真實面貌。若有了恩惠與力量，事物便會失去平衡，喪失共存的美德』，是不是很驚人？幾年前，我和你在喝馬格利米酒時說的話，居然是西元前五百多年的人也說過。」而老公覺得非常有趣。

我們夫妻倆一起喝著茶，承認了雙方想法的出發點與方向皆不同。老公暫時陷入沉思，然後用低沉的嗓音說：「想像一下，一對父母面臨孩子即將死亡的狀況。父母當然會為了讓孩子活下去而竭盡全力，但是如果沒有錢也沒有醫院，應該只能束手無策，眼睜睜看著孩子死去吧？藉由科學與經濟的發展，我們得以克服這種恐懼，因此人應該要向前看。人們養育孩子，自然會拿束手無策的過去，與什麼方法都能嘗試的現在比較。以這個角度而言，人們便是不斷比較過去與現在、他人與自己，基於相對幸福論而生活。」這句話說得沒錯，有哪個父母會希望白髮人送黑髮人呢？

我則對他說：「我只是在想，以個別的狀況說明整體是正確的嗎？我很抗拒人類應當要發展的想法。我們都深知藏在『經濟發展』一詞裡，資本主義的獸性，以及其暴戾性。想想天主教與基督教在全世界犯下的無數件暴行，以及打著神的名義，恣意妄為的一切犯行，便會知道耶穌徹底被他們的貪念和欲望利用了。他們利用了黃金律，大肆地施展事業手段。我認為相對幸福論只是黃金律的麵包屑。總之，我很喜歡孔子和孟子。在那個時代，居然可以帶著那樣的思想洞察人類，真的很令人驚豔。」

老公雙眼發光，對我說：「沒想到妳和我想法的差異，竟是東西方思想的差異！」

耶穌的黃金律和孔子的思想，在我們家的客廳徘徊了一陣子後，就這樣離開了。然而他們在我們家的客廳徘徊過，我們的日常就會因此變得不同嗎？我們只是知道了雙方的差異為何，並對此感到幸福。彼此花了數年的時間，爭論幸福是什麼，最終知道想法的不同，以及差異的根源，如此而已。我們看待幸福的角度仍舊相異。這是直到死前，我們必然會不斷爭論的事。

夫妻總是因為不起眼的小事爭吵，但是如果不知道為何爭吵，以及其根本的差異，那麼即便一起吵架、一起過日子，事實上也等於是各自生活。找出彼此不同之處，是一件令人疲憊的事，因為個人是社會、文化和歷史濃縮而成的結果，而與這樣的存在結婚並生活在一起，不是一件簡單的事。也正因如此，無論自己知道與否，每個人都是珍貴而有意義的存在，發現彼此的差異並進行分析，也才值得一試。

To my sweetheart

耶穌的黃金律和孔子的思想，
在我們家的客廳徘徊了一陣子後，
就這樣離開了。

然而我們的日常
就會因此變得不同嗎？
我們只是知道了雙方的差異為何，
並對此感到幸福。
彼此花了數年的時間，
爭論幸福是什麼，
最終知道想法的不同，
以及差異的根源，如此而已。

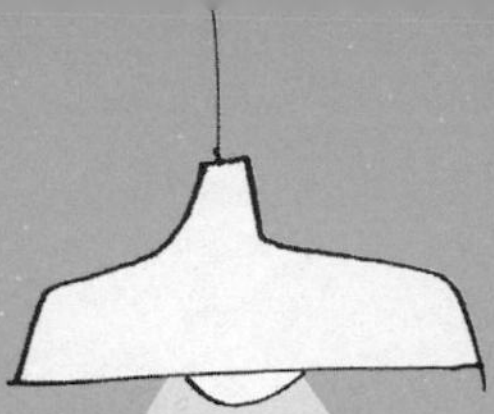

我們自己好好生活就行了

我們都能活下來了，為什麼孩子不行呢？當自己好好生活，成為幸福的父母，才能給予孩子相信自己和開拓人生的力量，不是嗎？

二〇一七年晚春的某個星期五，我和老公一起前往首爾出差，順便計畫去南山城廓路健走。沿著稜線，我和老公從一、兩公尺高的低矮城廓路，走到有五、六公尺高的聳立城廓路，一路悄聲交談。

「上次在出差的路上，我聽到廣播說，未來的世代將可以召喚死者，你有什麼看法？」

「妳在說什麼啊？」

老公嗤之以鼻地回覆：「你應該也有聽過吧？如果將一個人的所有數據收集起來，打造成像是人工智慧的東西，那些數據就可以和活著的人進行交流。在人死後，真的能利用IT技術將父母、子女或偉大的智者，召喚至虛擬現實並進行對話。」

「如果收集數據進行深度學習，應該就能進行溝通。但是，這樣有什麼意義？」

「先不管有何意義，我只是覺得好奇而已。如果將儲存於電腦的所有內容和經由社群平台留下的所有數據集中於一處，那些數據會和數據的主人相同嗎？我的意思是，如果把我的數據全都收集在一起，並用我的思考邏輯與活著的人締結某種關係，這也能算是我嗎？生物學上的我雖然消失了，但是思想上的我，亦即人雖然死了，留下的數據卻可以持續維繫關係，並創造出新的數據，這代表死去的我以『全新的我』留在世上，還是必須理解成生物學上的我已經消失，所以這終究不是我？」

「如果把數據收集起來，應該能保有部分的妳吧？」

老公同意若是集合了我回覆給老公的通訊軟體Kakao Talk內容、電子郵件、照片和反應型態等，就能簡單預測我的反應。因為即便是現在這個當下，我也在建立各式各樣的資料，例如我喜歡的音樂、場所、朋友、食物、書籍和文句等。

我揮汗如雨地走在城廓路上，又再次開口說：「很久以前，在建造這座城廓的過程當中，一定有人受傷，甚至有人喪命，然而多虧了他們的辛勞，今日的我們才得以擁有這段美麗的道路，體驗可視的歷史，感覺真的不錯。現代社會已經進入生成、累積和消費數據的世界，日後我們的孩子如果想念爸爸、媽媽，就可以召喚已經離世的我們了。」

「他們為什麼要召喚我們？」老公歪著頭，無語地看著我。

「若是我們的虛擬數據被建立起來，那麼女兒、兒子覺得生活辛苦的時候，也有可能會向虛擬的我們詢問各種疑難雜症啊！」

老公噗哧一笑，又再次無語地看著我，並問我：「孩子們最近有打電話告訴妳，他們遇到了困難嗎？」

「不，並沒有。」

「妳仔細想想，他們曾經因為遇到苦惱，而慎重地找妳諮詢，或是打電話告訴妳嗎？」

「沒有耶。」

老公噗嗤笑了一聲，繼續說：

「所以說啊，妳看！就算父母還健在，孩子們也不會先找父母商量，這才是普遍的狀況。只要不是闖了什麼大禍，大家都會在能力範圍內自行解決，這才是正常的事。我們現在都還好端端地活著，別說向我們諮詢意見了，他們根本連電話都不常打，還說什麼召喚！父母只要讓孩子健康長大，就算完成任務了。」

我一邊走一邊在心中想著，如果有像哈利波特裡面那種會動的照片，或是儲思盆之類的記憶儲存道具，那就太好了。因為我希望孩子們可以藉由回想與我們共度的時光，暫時感受到內心的幸福。

於是，我又說：「我們偶爾也會單憑回憶就感到安慰、幸福，不是嗎？總之，如果那種程式被開發出來，我會願意使用！並且將我所有資料擷取下來，每當孩子們思念我或想問我什麼問題時，只要進入虛擬世界，停留幾秒鐘即可。」

「如果數據容量可以無限擴充，他們應該會使用，不過他們又會使用到多少數據？放寬心，來拍個照吧！這裡風景不錯。」

話一說完，老公就拍了一張我們的自拍照，接著，老公把照片上傳到家族群組，女兒回傳一個笑臉貼圖，兒子卻連看也不看。沒想到和老公談論了一個多鐘頭，最後卻只花了一分鐘，就確認了結果。

我們又沿著城廓路走了一陣子。走在順著城廓左側生長的林間小徑上，可以感受到數百年前先祖們的氣息。從山坡上俯瞰遼闊的首爾市中心，密密麻麻都是建築物，不僅建築密度高，還散發著無比的熱烈活力。我心想：「原來我們剛剛經過了凝聚生與死，且累積了時光的空間！」

老公再次開口說：「人終將一死，世界也一直在改變，對於生活在改變後世界的孩子而言，我們只是父母，也只是路過的保護者。我們自己好好生活就行了！孩子們並非活在我們曾經歷的過去，而是生活在未來，所以對他們來說，我們的話不會是正確解答。」

老公針對父母與子女所提出的定義，從未像那天一樣鏗鏘有力。

「完美的DNA缺乏對環境變化的適應力，所有生物都必須具備不完全性，才能對變化敏感並主動應對。要適度而不能全部給予，這就是人生，也是生物的基本。」

我也知道快速變化的世界，讓父母著急、不安。父母愈是不安，就愈容易斥責孩子，並要求他們以父母的觀點看世界，這一點我又豈能不明白？所以，希望各位父母不要帶著對孩子們的憂心來度過自己的人生，並且知道自己的人生也只有一回。我們都能活下來了，為什麼孩子不行呢？當自己好好生活，成為幸福的父母，才能給予孩子相信自己和開拓人生的力量，不是嗎？

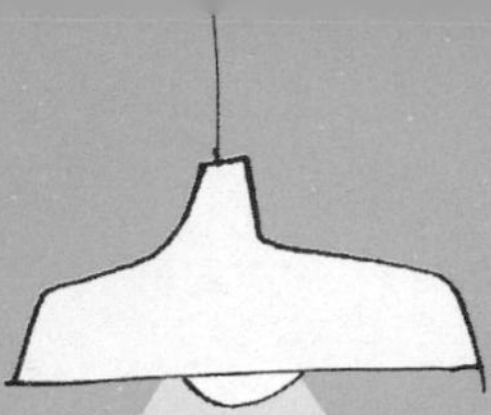

一天二十四小時中屬於我的兩個小時

享受自由比想像中還要不容易，真正的自由並不會從天而降。自由必須靠自己爭取給自己享用，一年當中如果連一、兩天的自由都爭取不了，那就是自己忘了為自己而活。

人生中，時光無法倒轉，若不把握當下，時間便如流水般留不住。

然而，世事並非憑著企圖心或執著，就都能同時進行。在老公過著實習醫師生活的那幾年，我也須兼顧職場生活，獨自育兒，因此全家人都過得很辛苦。人生在世，總會有那種只能默默承受辛苦的時候。

在那個時期，我和女兒兩個人一起吃飯、玩樂、休息和沐浴，並且一起睡覺，比較可憐的人，反而是因實習醫生生活而忙碌不堪的老公。然而在那一段日子裡，女兒其實是我們三人之中最辛苦的人，因為她沒有選擇權。這個想法一直持續至今，即便女兒已經成長、結婚，也不曾改變。

如果非得要界定我和女兒的關係，那麼當時無法表現出自我主張的女兒便是乙方，因此我不認為只有我辛苦。任何關係都是相對，所以常常有乍看之下是乙方，實際上卻是甲方的情況，養育孩子就屬於這種狀況。我在成長過程中，時常讓父母氣得火冒三丈，後來在扶養女兒的時候，卻學到了關係的相對性。想到這不禁覺得，人生頗值得走一遭。

女兒就讀小學低年級時，在學校學會了跳繩，每天晚上都像顆爆米花一樣，在大樓的停車場跳繩。她為了做跳繩作業，穿上黑色七分緊身褲和粉紅色短袖上衣，一邊蹦蹦跳跳，一邊數著數字的模樣，就像從豆莢彈出的豌豆，看起來十分可愛。每甩一次繩子，她的短髮就會隨著動作飛揚，而在一旁觀看的兒子，繞著姐姐轉圈，並配合著節奏模仿跳繩的模樣，令我至今難忘。只要我有時間，我也會陪孩子們在大樓停車場練習跳繩。

在沒有冷氣的炎熱夏夜，每當孩子們因為太熱，而爭先恐後把臉擠在電風扇前時，我就會對他們說：「我們去跳繩吧！」鄰居們看了，總是會問我：「大熱天，怎麼還跳繩啊？」不過只要盡可能地提高體溫，再洗個冷水澡，那麼即使在夏夜高溫中，孩子們也能香甜入睡，因為縮短室外溫度與體溫間的差距，能夠提高適應溫度的能力。女兒跳繩跳了三百下的時候，我和老公已經跳了兩千下，運動只需要十五分鐘就夠了。

從女兒國小到國中，每個夏天，我們全家都會跳繩。我想起了女兒頂著蘋果般紅的臉龐、雙眼閃著光芒對我說：「媽媽，真的好熱喔！我流了超多汗。」以及兒子帶著被汗水浸溼，像紅李子一樣的臉說：「媽媽，我現在也很會跳了吧？我跳了兩百下，妳今天買冰淇淋給我嘛！好不好？」直到女兒升上高中，兒子也進入常把「我為什麼要做？」此話掛在嘴邊的叛逆期之前，我們全家都會在週末溜冰、夏天跳繩、秋天騎自行車。孩子們成長發育時，我和他們一起運動，在孩子們長大之後，我擁有了自己的運動時間。

運動時間不是別人為你製造、安排而得來。開始在學校工作後，這十五年間，我會在一天二十四小時中，抽出兩個小時當成屬於自己的時間。一年至少三百天以上，每天有意識地為自己投資兩個小時，就算因為出差而超過午夜十二點才到家，我也會運動。

雖然我喜歡運動，但是走出家門運動，面臨的限制會比想像中還多。因為下雨、下雪、天氣太冷、天氣太熱、太麻煩和運動服還沒準備好等等，各種瑣碎的藉口和理由，總是盤踞在我們的腦海中。因此這十五年來，我都在主臥室裡運動。過了晚上九點，我便會換上世界上最舒適的衣服，一邊看電視一邊運動。在泡了三十多分鐘的足浴和半身浴後，先做二十分鐘的來回扭腰、騎四十分鐘的飛輪，再花三十分鐘用簡單的動作伸展頸部、腰部和手臂的肌肉，結束一天的運動。當身體覺得疲倦時，我也不會省略運動，而是將運動時間縮減成騎飛輪三十分鐘，以及做二十分鐘的伸展運動。

運動是送給自己的禮物。我認為如果要把投資在自己身上的時間變成日常，就必須將其帶入日常的空間。孩子們看著我在沒有冷氣的主臥室裡，汗如雨下地運動了十多年，會對我說：「媽！不要活得這麼辛苦，運動只要花一點點時間就好。」

但是會流汗的運動就像去除雜質的過濾作用，讓我變得更像我自己。一年到頭，如果沒有特別的事，我都會從主臥室的角落搬出飛輪和泡腳機運動，那是為了我自己付出的時間。老公會在我運動的時候，躺著看電視或玩手機遊戲，然後再做三十分鐘的伏地挺身和深蹲，並且像是不經意似地對我說「如果會累，今天就休息吧！對自己的身體太苛刻的話，也有害精神健康！」這些話，對我也算是安慰，但是運動就像早上起床喝水、吃三餐一樣，是消除一天疲勞的必要行動，就好像不會有人因為整天忙碌，而不吃飯，對我而言，每天運動兩個小時，是恢復我肉體與精神的一種機制。

運動是我在日常中給予自己的禮物，而一個人旅行，則是我為自己準備的特別禮物。短則半天，長則一整天甚至兩天一夜，和老公協調好彼此的行程，我便出發踏上旅程。若是沒有享受過真正的自由，便無法給予家人真正的自由；若是沒有刻意鍛鍊自由，便會產生束縛，使我們互相約束。

結了婚、有了孩子後，很難擁有自己的時間。不管做什麼事，都覺得必須與家人一起，若是自己行動，就好像會打破和睦的家庭氣氛，因此難免會感到猶豫。孩子剛出生的時候，身為媽媽能隻身去哪？孩子成長的時候，丟下煮飯、準備零食的工作與家務，出去一趟很容易嗎？一點也不容易。整年下來，送自己半天或一天的時間當成禮物，不為過吧？忙碌的日常與各種瑣事如同輪送帶一般接踵而來，在這樣的生活之中，真正能讓心靈休息的方法並不多。

享受自由比想像中還要不容易，真正的自由並不會從天而降。自由必須靠自己爭取給自己享用，一年當中如果連一、兩天的自由都爭取不了，那就是自己忘了為自己而活。找藉口不怕找不著，因為我們全都處在不同的環境、不同的關係之中，並用不同的樣貌生活。

女兒：

願妳無論過著什麼樣的生活，都能找到自己，並創造專屬於妳愛自己的方法。當有人問妳：「這輩子最重要的人是誰？」如果妳能毫不猶豫地回答：「是我！」那就太好了！

不管是愛得深切的戀愛時期，還是抱著剛出生的妳時，我都愛著我自己。就像所有生物都是自私的，在「愛」這件事上，我希望最愛的女兒也可以是自私，因為唯有懂得愛自己的人，才知道如何愛家人與他人。當然，若是神將我的性命與兩個孩子放在天秤上，要我做出選擇，我會毫不猶豫為了你們獻上生命，只是這個決定是因為我已經活夠本了，而我希望你們至少可以活到我這個年紀而已，並無其他原因。

親愛的女兒！

我希望妳能以自我為中心，以追求「自己的幸福」之思維，過妳的人生。期盼妳可以在一天二十四小時中，為自己抽出專屬於妳的兩小時；在一年十二個月中，贈予自己半天或一天的時間，藉此創造妳的活力、妳的幸福和妳的自由，讓妳能夠愛上自己的人生，並成為散發耀眼光芒的人。

To my sweetheart

當有人問妳：
「這輩子最重要的人是誰？」
如果妳能毫不猶豫地回答：
「是我！」那就太好了！

不管是愛得深切的戀愛時期，
還是抱著剛出生的妳時，
我都愛著我自己。
就像所有生物都是自私的，
在「愛」這件事上，
我希望最愛的女兒也可以是自私。
因為唯有懂得愛自己的人，
才知道如何愛家人與他人。

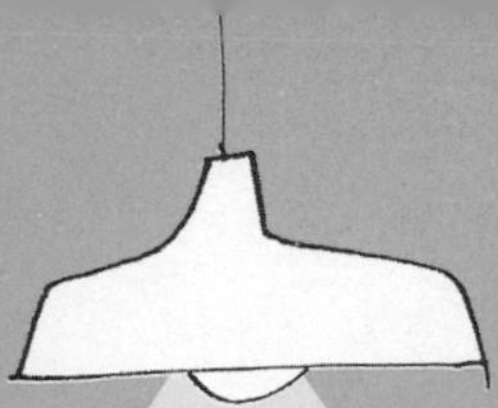

身為妻子、媳婦、母親，都只是尋找自我的過程

對孩子的愛會和無數的恐懼、罪惡感一起成長，但是被視為最不被重視的性別角色，也就是妻子、母親和媳婦感受到的不安與罪惡感，要等到哪個瞬間才會消失呢？

結婚的時候，可曾想過要以某人的媳婦、某人的妻子或某人的母親而活？當時的我只是因為遇到了相愛的人，想要一起過著幸福的生活才決定結婚，所以我認為夫妻以外的關係，都只是附加物，而這個想法至今仍未改變。我們之所以結婚，就是為了與相愛的人，在早晨睜開眼睛後，度過一天的日常，並於晚餐時間坐在餐桌前，一起做飯、用餐，並在餐後散散步。

結婚後，公婆不斷詢問我有沒有按時幫老公準備飯菜？老公的健康是否無恙？孫子、孫女是否健康？盼望著自家兒子成功的公婆，將許多如「讓妳老公再多學一點英文。」「讓妳老公趕快寫完博士論文取得學位。」「讓妳老公多讀一點主修的書籍，然後自己出一本書。」「讓妳老公少玩一點手機遊戲。」「讓妳老公有空多運動，矯正一下姿勢。」等，他們想要對老公說的話全都告訴我，並對我說：「妳想想辦法吧！」

結婚後，我領悟到一個事實，那就是越關愛自己兒子的公婆，越想要指揮媳婦矯正兒子的習慣。公婆與媳婦雖然是衍生的關係，卻掌握了主導關係。因為和我結婚的不是公婆，於是我花了一些時間讓他們知道，心目中理想的媳婦形象和我之間存在著多麼遙遠的距離。那段時間對我來說是種壓力，也是火冒三丈又辛苦的時間。然而，我認為結婚雖然是兩個人相遇後促成的美事，卻不是只屬於兩個人的生活，所以這也是無可奈何。

婚後真正辛苦的事情是生兒育女，不，嚴格來說，是看著兒女成長並浮現出「我是個賢明的媽媽嗎？我的孩子們有沒有接受正常的愛，好好長大呢？」等疑問的同時，被身為職場女性的長期罪惡感折磨。

當國小一年級的女兒因為聽寫錯得太多而流下眼淚，女兒的老師當面斥責我，怎麼會連有收尾音的韓文都沒有好好教，就送她來上小學時，我感到非常不安，心情也無比沉重。

兒子則是在小學時，總是會在放學後和四、五個朋友一起踢足球，並在運動場到處徘徊。偶爾我去學校參加面談時，都會聽到老師當面對我說：「孩子很聰明，但是不乖。」升上國中後的兒子，每到考試期間，都只顧著睡覺，甚至在前往美國遊學前，還對我說：「英文一定要現在學嗎？」對一切都感到不耐煩。

在這種狀況下，我總會冒出「我的職場生活是有多了不起，讓我非得工作？」的想法，又會覺得「孩子們都很健康，而且無比善良，這樣不就好了嗎？」以此自我安慰。然後，我又懷疑：「我是不是對孩子們的人生，太沒有責任感了？」或是擔心：「以後如果孩子們問我為他們做了什麼，我該怎麼回答呢？」時時刻刻都會湧上諸如此類的各種歉疚和不安。

回首過去，就會發現對孩子們的罪惡感，以及懷疑身為母親，這麼做是否就是最好的那種不安感，在我的心中占了多大的分量，甚至現在兩個孩子已經長大成人，當我在撰寫這本書時，悲傷依舊不斷湧現。養育子女時，究竟有多麼容易動搖與不安！身為父母，孩子們是否會因為我而吃虧？是否只要健康並擁有正常的情緒就好了？會有這些疑問，是因為無法靠自己確認而產生了動搖。

有一次，我和小學六年級的女兒，以及上幼稚園的兒子一起去教堂，我曾問女兒：「因為媽媽要工作，你們不會很吃力嗎？沒辦法多照顧你們，真不知道媽媽這是在做什麼。要不要媽媽待在家裡呢？」當時，握住我手的女兒燦爛笑著對我說：「媽媽，妳別擔心，我過得很好。媽媽就去實現媽媽的夢想，我自己努力完成自己的夢想就好了。妳可以不要擔心。」這對我來說，不知道是多麼大的安慰。我對女兒總是無限感激。

女兒對我這麼說時，兒子也點點頭對我說：「妳還是繼續工作吧！我喜歡帥氣的媽媽。」話雖這麼說，上了小學的兒子卻時常耍賴。不要說讀書了，根本只顧著踢足球和玩遊戲。就像穿越漫長的隧道，兒子直到國三寒假，正當我們在群山銀波湖畔散步時，突然對我說：「媽，現在該打掃一下了。要整理出一些空間，才能累積新的東西嘛！」我便問他：「你想要打掃房間嗎？」結果，兒子微笑著對我說：「不，現在應該要打掃一下我的腦袋了。為了我的未來，得少玩一點遊戲，計畫一下以後要做什麼，並且做好劃分，慢慢累積我人生中需要的東西。」

從同時進行獨自育兒和職場生活，努力撫養女兒時開始，到接下來同時擔任兼職講師和就讀博士課程、成為教授並準備升職時，在這些時刻，我總是將「是不是該放棄我的工作，好好照顧孩子？」的不安與罪惡感藏在心底。最近，我問老公：「你有沒有想過辭職，在家裡照顧孩子們？」

這是我在撫養孩子時，從未問過的問題。老公露出無比開朗的笑容，並這樣回答我：「何必想這種問題？孩子們有孩子們的生活，我們也有我們自己的人生。」

聽到老公這麼說，我又問：「真的一次都沒有嗎？」結果，老公點點頭說：「沒有。」

我們的文化不斷要求男性成為有能力的上班族、成功的專業人士、引領家庭經濟的經濟主導者，所以老公一次都不曾有過那種想法，說不定是理所當然的事。但是，對於我的疑問，連一秒都不曾猶豫便直接回答的老公，一瞬間便感受到我和他、妻子與丈夫、女性與男性間巨大又漫長的隔閡。因為我在經歷職場生活的同時，也不斷被必須照顧好孩子的責任感逼迫，與身為母親卻無法事事兼顧的自責心所折磨著。

不過仔細想想，雖然是我讓自己受到這種逼迫的折磨，但是我也領悟到，因為公婆反覆告訴我：「好好照顧、撫養孩子，就是在賺錢。」以及娘家父母告誡我：「妳必須幫別人家傳宗接代，並好好養育孩子。」讓我不知不覺也用父母們的標準看待我自己。這不就是我們父母生活至今學到的文化規範，也是我們社會看待母親、妻子和女性的偏見嗎？

所謂的文化是一口巨大的水井。如果待在那口井裡面，想法便會如被井水滲透一般，不由自主地受到左右。

我的婆婆也在職場上工作了一輩子，承受著那種強迫與不安，卻為了自己的兒子和家庭的和平，不斷試著說服我。在奶奶照顧下長大的兒子說：「爺爺、奶奶是忠於那個時代文化的人，請不要覺得太傷心。」要我把與他們的思想差異，當成文化範疇的差異，但是聽到他這麼說，我雖然可以理解，另一方面卻認為理解不是弱者該做的事。我從來不曾向公婆訴說我的不安與自己感受到的罪惡感。我從未反問過他們，為什麼你們的兒子過著職場生活是理所當然，而身為媳婦的我卻得照顧家庭。這只是因為我知道他們生活過的水井世界更加殘酷，並確信唯一站在我這邊的只有時間，而且他們是我深愛老公的父母，所以我選擇了沉默。

近幾年的女兒、母親、媳婦和職場女性同胞，依舊受到性別角色的規範。因為我們會自己賦予性別角色，也會被外界給予，所以我們還有一段很長的路要走。要經過幾個世紀，養育子女的職場女性，才能讓自己的人生擺脫不安和罪惡感？當然，對孩子的愛會和無數的恐懼、罪惡感一起成長，但是被視為最不被重視的性別角色，也就是妻子、母親和媳婦感受到的不安與罪惡感，要等到哪個瞬間才會消失呢？

在我成長的圍籬與因我結婚而建立的圍籬中，父母們不斷用某人的女兒、妻子、媳婦和母親來動搖我的想法。在這之中，雖然我不停動搖並感到不安、傷心和辛苦，但是唯一讓我感到慶幸的是，我總是愛著自己。另外我也相信，就像我愛著自己一樣，我的孩子們也會愛著自己，並抬頭挺胸，朝著未來邁步。所謂父母，不就是孩子們仰望的存在嗎？

如同我無法選擇父母，我們不能選擇出生的性別和出生的國家，也不能挑選要在哪一個文化中成長。然而，我們可以改變文化。就從現在、從這裡，和我的孩子們一起改變。

親愛的女兒：

不論作為誰的女兒、妻子、母親，抑或是媳婦，妳一直都是妳。無論妳如何成長、長相如何、擁有何種性向、現在與誰同住或從事何種工作，妳都還是妳。

所以，女兒啊！我希望妳能愛著自己，一步一步生活，展開自己的人生。

To my sweetheart

在我成長的圍籬
與因我結婚而建立的圍籬中，
父母們不斷用某人的女兒、妻子、
媳婦和母親來動搖我。
在這之中，
雖然我不停動搖並感到不安、
傷心和辛苦，
但是唯一讓我感到慶幸的是，
我總是愛著自己。
另外我也相信，
就像我愛著自己一樣，
我的孩子們也會愛著自己，
並抬頭挺胸，朝著未來邁步。

國家圖書館出版品預行編目資料

我希望我女兒活得自私：寫給活在耀眼世界的所有女兒們，來自母親滿滿心意的溫暖情話 / 鄭蓮喜著 . -- 初版 . -- 臺北市：三采文化股份有限公司，2022.11　面；　公分 . -- (Mind Map：247)
ISBN 978-957-658-947-8　（平裝）

1.CST: 自我肯定 2.CST: 生活指導 3.CST: 女性

177.2　　111015249

suncolor 三采文化集團

Mind Map 247

我希望我女兒活得自私

寫給活在耀眼世界的所有女兒們，來自母親滿滿心意的溫暖情話

作者｜鄭蓮喜
編輯一部 總編輯｜郭玫禎　執行編輯｜陳岱華　版權選書｜孔奕涵
美術主編｜藍秀婷　封面設計｜之一工作室　封面設計 2．內頁版型｜李蕙雲　內頁排版｜周惠敏
行銷協理｜張育珊　行銷副理｜周傳雅

發行人｜張輝明　總編輯長｜曾雅青　發行所｜三采文化股份有限公司
地址｜台北市內湖區瑞光路 513 巷 33 號 8 樓
傳訊｜TEL:8797-1234　FAX:8797-1688　網址｜www.suncolor.com.tw
郵政劃撥｜帳號：14319060　戶名：三采文化股份有限公司
本版發行｜2022 年 11 月 4 日　定價｜NT$420

suncolor